Princípios de Vida Pleiadianos

Christine Day
Autora de *Iniciações de Luz dos Pleiadianos*

Princípios de Vida Pleiadianos

Um Guia para Acessar as Energias Dimensionais, Comunicar-se com os Pleiadianos e Enfrentar Este Período de Mudanças

Tradução
Ana Tiemi Missato Cipolla

Editora Pensamento
São Paulo

Título original: *Pleiadian Principles for Living.*

Publicado originalmente em inglês por Career Press, Inc., 220 West Parkway, Unit 12 Pompton Plains, NJ 07444 USA

Texto de acordo com as novas regras ortográficas da língua portuguesa.

1ª edição 2014.

1ª reimpressão 2017.

Editor: Adilson Silva Ramachandra
Editora de texto: Denise de C. Rocha Delela
Coordenação editorial: Roseli de S. Ferraz
Preparação de textos: Marta Almeida de Sá
Produção editorial: Indiara Faria Kayo
Editoração eletrônica: Fama Editora
Revisão: Maria Aparecida A. Salmeron

CIP-BRASIL. CATALOGAÇÃO NA PUBLICAÇÃO
SINDICATO NACIONAL DOS EDITORES DE LIVROS, RJ

D315p
Day, Christine
Princípios de vida pleiadianos : um guia para acessar as energias dimensionais, comunicar-se com os pleiadianos e enfrentar este período de mudanças / Christine Day; tradução Ana Tiemi Missato Cipolla. — 1. ed. — São Paulo : Pensamento, 2014. 288 p. : il. ; 23 cm.

Tradução de: Pleiadian principles for living
Inclui apêndice
ISBN 978-85-315-1864-5
1. Técnicas de autoajuda. 2. Espiritualidade. I. Título.

14-10169 CDD: 248
CDU: 2-584

Direitos de tradução para o Brasil adquiridos com exclusividade pela EDITORA PENSAMENTO-CULTRIX LTDA., que se reserva a propriedade literária desta tradução.
Rua Dr. Mário Vicente, 368 – 04270-000 – São Paulo – SP
Fone: (11) 2066-9000 – Fax: (11) 2066-9008
http://www.editorapensamento.com.br
E-mail: atendimento@editorapensamento.com.br
Foi feito o depósito legal.

Dedicatória

Dedico este livro a Alisa, o amor de minha vida, por estar presente em minha vida e em meu coração e por portar uma energia que nos permite viver "o paraíso na Terra" enquanto estamos juntas neste planeta.

Nota do Editor

Cada capítulo de *Princípios de Vida Pleiadianos* traz uma iniciação que corresponde a uma ou várias faixas de áudio, gravadas no site de Christine Day.

Acesse os arquivos de áudio em português no endereço eletrônico:

http://www.christinedayonline.com/index.php?page=portuguese-audios-ppa

Agradecimentos

Meus mais profundos agradecimentos a Alisa Logan, que compartilhou da urgência para que este material fosse disponibilizado agora e que esteve ao meu lado durante todo o processo de redação deste livro. Eu *não* o teria terminado sem o apoio dela. Com sua incrível experiência, ela conseguiu facilitar bastante o processo de conclusão deste material canalizado.

Meus agradecimentos sinceros à minha agente, Laurie Harper, por me oferecer de novo seus conhecimentos, seu apoio, sua confiança, sua compreensão e sua amizade.

Dedico minha gratidão e meu apreço a Reid Kruger, da Waterbury Music and Sound, por ter gravado e produzido todo o áudio em inglês deste livro, pela tranquilidade com que partilha suas habilidades e pela centelha de alegria que traz para o nosso vínculo e a nossa amizade.

Agradeço à minha filha, Lisa Glynn, por ser uma bênção tão magnífica em minha vida e por ter feito os diagramas e desenhos deste livro. Dou testemunho de você e da sua jornada, minha menina querida, com profundo amor e respeito.

Um agradecimento especial a Don Kelly por todo o seu apoio e pelo seu empenho na produção da edição final deste livro.

Aos meus amigos mais queridos e preciosos: Jo Bray, Lorelee Wederstrom, Ruth Palmer, Susan Arthur, Anne Westfield, Sally Kerwin e Efren Solanas, que são parte de minha família. Obrigada a todos por seu amor, apoio e encorajamento durante a jornada.

Minha gratidão especial aos praticantes das Frequências de Brilho em Minnesota, que criaram um forte ambiente de amor em torno deste livro enquanto ele estava sendo produzido e concluído; o amor de vocês teve um impacto imenso sobre mim. Meus profundos agradecimentos a todos os praticantes, mestres e estudantes que me apoiam com tanto amor em minha missão de trazer a mensagem pleiadiana ao mundo.

E termino expressando todo o meu amor por minhas quatro netas: Cienna, Bailee, Sailor e Evie, por toda a alegria e pelo contentamento que vocês trazem ao meu coração.

Sumário

Prefácio à edição brasileira 11
Introdução 15
Introdução dos Pleiadianos 20

Capítulo 1
Redefinindo Seu Relacionamento com Seu Eu Humano:
Ser Humano/Ser Sagrado 27

Capítulo 2
Escolha Consciente e Pré-acordos 38

Capítulo 3
Ativando Sua Estrutura Cristalina 55

Capítulo 4
Ativando Sua Comunicação e Comunhão Telepáticas 76

Capítulo 5
Controlando a Energia das Forças da Natureza da Terra:
Comunhão Sagrada com a Natureza 94

Capítulo 6
Alinhando-se com Sua Missão, Cumprindo Seu Destino........... 114

Capítulo 7
Construindo Sua Comunhão Telepática com
Grupos de Força Vital 129

Capítulo 8
Agroglifos 145

Capítulo 9
A Matriz Sagrada 163

Capítulo 10
Ativando Sua Energia de Comando:
Escolha Consciente para Ativar Seus Portais Energéticos.......... 180

Capítulo 11
Trabalhando com Sua Energia de Comando e com as Energias
Naturais da Terra: Criando Alianças Energéticas 198

Capítulo 12
Alinhando-se com Seu Fluxo Sagrado,
Reunindo-se ao Seu Lugar 222

Apêndice A
Perguntas e Respostas 240

Apêndice B
Atividades com Christine (em inglês).. 281

Prefácio à Edição Brasileira

Fico honrado em apresentar ao público brasileiro este segundo livro de Christine Day. Quero dizer ao leitor que tudo é superlativo com Christine. Em nossos cursos de Frequências de Brilho, costumamos afirmar nossas intenções para o dia. A de Christine é invariavelmente a mesma:

- Minha intenção é permitir-me ser tudo o que sou em cada momento.

Nós testemunhamos o quanto Christine é coerente com sua intenção. Ela não se poupa. Ela não deixa para depois. Ela sempre é intensa, sempre autêntica ao extremo.

Por que essa observação é pertinente para a apresentação deste livro? Simplesmente porque Christine aqui não ocultou nada. Ela nos oferece toda a tecnologia pleiadiana de ponta, específica para nossa época. Essa tecnologia visa o nosso despertar. Não há mais tempo a perder. Não é mais possível nos debatermos em meio a discussões intelectuais estéreis. Não é mais possível prosseguirmos com velhas práticas estereotipadas, disfarçadas de espirituais. Necessitamos urgentemente de algo simples e funcional, sem julgamento, sem moralismo. Precisamos, mais do que nunca, acordar! É chegada a época.

Gostaria de enfatizar como é importante termos uma mentalidade aberta. Somos tão presos a falsas crenças e preconceitos de todo tipo. *Isso é possível, isso não é possível, isso é bom, isso é ruim, isso é certo, isso é errado...* Julgamentos sem conta, falta de aceitação, de compreensão, de sabedoria. Medo. Essa é a marca registrada da mente condicionada. No entanto, os verdadeiros mestres são ousados, surpreendentes, irreverentes e até mesmo chocantes. Eles vivem o valor da Liberdade, enquanto os demais falam de Liberdade, exaltam a Liberdade, mas não sabem de que estão falando. Liberdade implica abrir mão do controle e é exatamente isso o que a mente do ego mais teme.

Christine Day não é o que se espera. Ela é imprevisível. Seus escritos também são assim. Nunca tente seguir o que você acha que é. Siga <u>o que é</u>. E quando sua mente vier com seus infindáveis e enfadonhos julgamentos e críticas, não a ouça! Essa é a única forma de reduzir a força de sua mente. Não tente lutar contra ela, apenas não dê atenção a ela, não a energize. A mente é o grande obstáculo. Não que ela não tenha valor, ao contrário, a mente tem um papel, mas não o de dirigir nossas vidas ou opinar sobre como deveriam ser nossas experiências espirituais, pois disso ela não entende nada.

Se eu tiver que dizer uma única coisa para o leitor, no tocante não só à leitura deste livro, mas à vida, eu direi, sem hesitar: siga seu coração! Sim, sempre, em qualquer circunstância, siga seu coração. No coração encontramos o portal para outras dimensões, para o conhecimento direto da Realidade, em vez daquilo que se pensa ou se acha a respeito da Realidade. Tal qual os mestres, a Realidade é criativa, desconcertante, desafiadora e bem-humorada. Somente vivendo através do coração podemos nos libertar e despertar. Esse é e sempre foi o único caminho.

Neste segundo livro, os Pleiadianos apresentam novas técnicas, mais avançadas. É importante lembrar que não se deve confundir o mapa com o território. As técnicas são um meio, não o fim, por mais geniais que sejam. As técnicas visam tirar a mente do caminho a fim de nos possibilitar a lembrança e vivência de quem de fato cada um de nós é. Nesse exato momento, quando tiver essa experiência direta, nem que seja por uma fração de segundo, não há mais necessidade de técnica alguma, você já chegou! Não importa se a experiência não durar muito, porque o ponto de referência está aí, ela não se perde. Sempre podemos retornar àquela experiência de unidade, de consciência expandida. E quanto mais o fizermos, mais estaremos retornando para casa, com imenso alívio, e aquele sentimento de paz que, no fundo, é o que todo mundo busca...

Logo na introdução, os Pleiadianos nos falam com uma alegria extravagante, escandalosa. Por que nos conformar com menos? Por que continuar com velhas crenças desgastadas, que não servem mais, que cheiram a mofo? Por que não nos abrirmos para novas possibilidades, muito além do que possa imaginar nossa mente condicionada? Convido o leitor a ousar. Dizem que existe um deus que ajuda os que ousam. Não tema, porque de fato não existe nada a temer. Mas, se vier o medo, aceite seu lado humano, tenha compaixão por si mesmo. Use todo o suporte que você tem, e siga em frente. Hoje em dia, muitos estão chegando à conclusão de que, em verdade, só existe uma escolha, aquela entre o medo e o amor. Desejo que o lado sábio de cada leitor predomine, optando pelo Amor. Desejo uma bela e boa jornada! Possa ela conduzi-lo para onde você deve ir, possa ela prepará-lo para realizar a sua missão. Que assim seja!

Miklos Burger
Psicoterapeuta
Professor internacional de Frequências de Brilho
Organizador de Frequências de Brilho no Brasil
Autor de *O Buscador e O Poeta*

Introdução

Escrevo este livro com imenso amor e apreciação por tudo o que os Pleiadianos me deram durante os últimos 27 anos. A ideia de escrever este segundo livro a princípio me deu medo, mas percebi que este material e suas iniciações transformadoras mudariam significativamente muitas vidas. O livro oferece muito apoio e entendimento, com os quais você poderá se guiar em seu próprio caminho neste período incrível do plano terrestre. Escrevi este livro em razão da magnitude da informação que tenho a missão de trazer a todos vocês.

Agora sou grata por tudo o que recebi durante essa empreitada. Eu não poderia ter imaginado a jornada que faria quando, uma vez mais, me abri à beleza, ao amor e à impecável capacidade dos Pleiadianos de produzir uma sinergia sagrada por meio destas incríveis iniciações para a construção do poder próprio.

Fico espantada com sua capacidade de incorporar sua essência pura aos processos de todos os seres humanos. O compromisso dos Pleiadianos com o ser humano é total.

Passei por uma enorme transformação pessoal enquanto estava recebendo o material deste livro. Em específico, encontrei a verdadeira beleza do meu Self. Conheci aspectos do meu Self ilimitado que não me haviam sido revelados anteriormente e, com isso, experienciei a cada momento a verdade e a clareza simples do aspecto ilimitado do meu Self.

Todo esse processo fez com que eu me aproximasse dos Pleiadianos dentro de uma nova configuração dimensional, avançasse e passasse a estimá-los profundamente, por uma nova perspectiva. O nível de amor que fui capaz de experienciar com eles transformou meu coração.

Sei que não sou a mesma que era antes de começar a escrever este livro. Perguntei-me por que esta introdução tinha de ser a última parte a ser escrita, mas agora entendo. Seria impossível compreender totalmente o material deste livro antes de escrevê-lo. A princípio, pensei que conseguiria, mas, fazendo uma retrospectiva, vejo que eu realmente não tinha compreensão das energias de luz que este livro viria a conter e do impacto que teriam sobre mim.

As energias contidas neste livro são transformadoras e oportunas. Ele foi projetado para fazer você incorporar os "Princípios de Vida" sagrados, para que possa mais uma vez se realinhar com o Universo, estabelecendo nova ligação com seus aspectos sagrados.

Os processos de iniciação trazem verdades que você deve usar como princípios de vida. Uma série de compreensões lhe será revelada para que você possa viver de acordo com esses princípios, por meio de um realinhamento natural com seu Self e de uma metamorfose interna que ocorrerá em suas células quando as frequências que portam os "Princípios de Vida" forem ativadas.

Como seres humanos, vocês são capazes de dar à luz aspectos dessa energia do Novo Alvorecer que levam em si a essência dos Princípios de Vida, já que os véus se levantaram no plano terrestre. Desde 12/12/12, portais dimensionais se abriram naturalmente no planeta, dando a todos vocês a oportunidade de se reunirem à Consciência Coletiva.

Enquanto escrevia este livro, vivi muitos momentos em que fui transportada para diferentes realidades da verdade e então acolhida por um abraço amoroso. Nessas ocasiões, passei por minha própria metamorfose celular interna. Foram experiências extraordinárias, de tirar o fôlego. Agora entendo que isso está e sempre esteve presente junto à ilusão tridimensional do plano terrestre. Estou celebrando meu Self, desfrutando completamente de tudo pelo que passei em minha jornada como ser humano e tudo que experienciei e criei durante meu processo de aprendizagem.

Sei que meu renascimento aconteceu, alinhando-me com o resto do Universo. Sei que agora posso simplesmente Ser. Finalmente cheguei a um lugar de descanso onde posso iniciar a continuação de minha vida. Uso o termo "lugar de descanso", que pode soar como o fim da minha vida; na verdade, porém, é só o começo!

O que isso significa? Que eu saí da ilusão deste plano terrestre e me ancorei ali. Sei que meu aspecto humano se livrou de alguns apegos tridimensionais, o que abriu a possibilidade de um novo relacionamento entre meu aspecto humano e meu aspecto divino. Um determinado nível de separação acabou dentro de mim. Agora posso avançar para um nível mais ilimitado de experiência do Ser e receber o que é naturalmente meu: a abundância em todos os níveis.

Dei-me conta de uma nova força física no corpo, e de algum modo consigo ver a vida de um ângulo muito diferente. O ato de escrever sobre meu processo está me ajudando a definir o *que* sou agora e *onde* estou agora. É como se eu estivesse olhando o mundo de certo jeito e então fosse levada a vivenciar a mim mesma, ao mundo e ao Universo de um ponto de vista diferente.

Fico fascinada com a rapidez com que minha realidade mudou. Sei que foram necessários muitos momentos diferentes no tempo para que eu chegasse até aqui, e à minha frente ainda existem muitas viradas. Não há nenhum outro lugar em que eu precise estar a não ser aqui, em minha experiência de consciência do agora. Dou meu próximo passo, como quer que ele se apresente, e me dedico completamente ao meu caminho e à minha missão, onde quer que ela me leve. Comprometo-me com este momento no tempo, apreciando-o, respirando e desejando meu contínuo desdobramento. Essa jornada se torna um simples processo no qual me permito Ser.

Há algo que tem a ver com isso e que me parece importante compartilhar: também não tenho apego nenhum ao processo *de vocês*. O que quero dizer é: não me importa o que vocês decidam fazer e os passos que decidam dar em direção ao seu Self. Isso é assunto de vocês, não meu. Abro as portas, mas cabe a vocês atravessá-las. Esse desapego abre dentro de mim um grande espaço onde cada um de vocês pode ser recebido com uma quantidade enorme de amor sem julgamento. Por meio do meu desapego, eu posso me doar inteiramente, abrindo para vocês todo o meu espaço de amor. Entendam que eu me comprometo a trabalhar energeticamente com vocês durante sua iniciação. Vocês só precisam conclamar minha energia e eu estarei com vocês, ajudando-os a integrar o material e abrindo espaço para o despertar de vocês.

Estejam cientes de que a energia pleiadiana que eu canalizo é muito forte, por ser uma parte natural do meu aspecto e da minha conexão com os Pleiadianos. Eles trazem a energia para vocês por meu intermédio, do modo que lhes for necessário no momento:

pode não ser exatamente o que vocês querem, mas é o necessário para que deem o próximo passo.

Como Usar este Livro

Parece-me importante definir como vocês trabalharão com este livro. No fim da maior parte dos capítulos, apresento a transcrição de 27 arquivos de áudio para vocês acessarem e usarem. Vocês podem acessar esses arquivos de áudio na Internet, por meio do link apresentado no *Apêndice B*, e poderão baixá-los gratuitamente.

Cada arquivo de áudio contém uma iniciação canalizada para vocês e cada iniciação tem natureza multidimensional. Isso significa que vocês podem ouvi-la inúmeras vezes; a cada vez terão uma experiência diferente da jornada e renascerão em outro nível de seu Self.

É importante que leiam os capítulos na sequência, porque as energias se constroem à medida que vocês avançam ao longo do livro. Desfrutem de cada capítulo e saibam que podem ler cada um e escutar cada áudio mais de uma vez. Provavelmente precisarão fazer mais de uma jornada com cada arquivo de áudio. Essa é uma ocorrência comum.

Saibam também que em muitos capítulos há mais de um arquivo de áudio. Alguns têm três ou quatro. É importante ouvi-los na ordem determinada.

Quero parabenizá-los por este próximo passo que estão dando em direção ao seu Self. Saibam que todo o Universo os assistem enquanto vocês avançam nessa jornada!

Com amor e bênçãos,
Christine

Introdução dos Pleiadianos

Amados,

Há um grande poder nascendo e crescendo em seu mundo, abrindo para vocês uma nova percepção que os levará numa nova direção. Vocês estão sendo suavemente conduzidos de um mundo a outro. E esse é o processo do seu propósito para esta vida, que os leva à harmonia com a Verdade. Há uma revelação acontecendo diante de vocês e, ao mesmo tempo, dentro de vocês. Que bênção vocês representam para esse processo de transformação! Vocês são uma parte integral da experiência transformadora neste "Novo Alvorecer".

Estamos aqui para ajudá-los, trazendo informações para que possam adquirir uma compreensão mais profunda do processo que está ocorrendo em seu plano terrestre. Com essa clareza, vocês podem dar início ao seu próprio processo de nascimento. Podem reivindicar seu

Self por meio da escolha consciente e da lembrança de seus pré-acordos.

Vejam... Vocês estão prestes a desempenhar um papel importante na transformação de seu planeta. Há um projeto magnífico e vocês fazem parte dele. Enquanto despertam, vocês servirão de auxiliares num processo contínuo de nascimento em seu plano terrestre, mantendo espaços energéticos, criando redes energéticas e ajudando a ancorar as novas frequências de luz. Quando vocês concordam com os pré-acordos e aceitam seu papel, tornam-se capazes de trabalhar com a energia terrestre.

Esse período de seu planeta não pode ser comparado a nenhum outro, pois ele permite que, por meio de escolhas conscientes, vocês realinhem seu Self com a origem de sua consciência de luz.

Os novos alinhamentos dimensionais que estão acontecendo em seu plano terrestre fazem parte da energia do Novo Alvorecer. Eles estão aqui para serem usados para o próprio processo de nascimento de vocês. Em razão do plano que puseram em prática, de serem ativados e realizados agora, vocês terão um entendimento profundo de quem são dentro do plano maior. Um mecanismo único de sincronia foi ativado para revelar-lhes muitas verdades.

Seu mundo, dentro do planeta Terra, está voltando a se alinhar com o resto do Universo. É como uma cortina que se levanta no palco, revelando um panorama completamente novo. Vocês pertencem a esse novo esquema. Começarão a reconhecer e a relembrar seu lugar nesse palco mágico. Começarão a aprender a usar seus dons naturais internos e tornarão a dançar dentro do Universo.

Vocês fazem parte dessa "força vital", de modo que esse processo de renascimento implica especialmente uma reunião com o Self. Ao falarmos de Self, estamos nos referindo a duas partes de vocês mesmos – o aspecto divino e o aspecto humano. Vocês estão experienciando uma transformação no relacionamento com seu aspecto humano. Isso é essencial porque a separação entre o divino e o humano, que existe há muitas vidas dentro de vocês, precisa acabar para que vocês possam avançar em seu processo de iluminação e uma vez mais ocupar o lugar que lhes cabe na Consciência Coletiva.

Por meio desse novo despertar, vocês começarão a ter uma experiência direta e consciente do amor divino e a se lembrar de seu plano divino. Sua frequência única de consciência tem um lugar importante dentro do plano maior.

Estamos aqui nesta era para manter abertos os portais energéticos, para dar-lhes acesso a esse entendimento, para que vocês possam começar a usar os dons naturais interiores recém-descobertos. Damos-lhes as boas-vindas e os honramos por tudo o que vocês experienciaram até agora em sua jornada nesta vida.

Essa clareza vai lhes dar a capacidade de abrir portas. Essas passagens estavam esperando por vocês. Elas mesmas guardam os códigos energéticos de memória que lhes pertencem. Eles permitem que vocês se lembrem dos pré-acordos feitos para que estivessem neste plano terrestre neste momento.

A ativação de seus códigos pessoais vai ligá-los às novas linhas de circuito que foram ativadas em seu planeta, permitindo que vocês fluam naturalmente e se tornem parte do nascimento multidimensional da nova consciência; um nascimento mútuo de consciências.

A luz de vocês, que nasce da ativação de seus códigos pessoais, redefinirá suas energias para que vocês possam avançar com uma noção transformada de quem realmente são. Vocês se realinham com a Verdade e conseguem relembrar o que, desde sempre, iria acontecer dentro de vocês e no plano terrestre neste momento. Ao se abrirem conscientemente para esse alinhamento, uma energia despertará den-

tro de suas células e do seu campo energético. Vocês são uma bênção para o mundo.

Ao se abrirem para essa experiência de lembrança, vocês começarão a ativar naturalmente uma série de realinhamentos que os levarão de volta a muitos aspectos dimensionais de seu Self de Luz, abrindo-os para uma nova união com a Consciência Universal. Toda essa jornada diz respeito ao realinhamento de vocês com um estado natural de seu próprio fluxo energético, que existe como parte da Consciência Universal.

É essencial que vocês escolham participar conscientemente desse processo, cumprindo seu papel. Isso permite que um aspecto muito mais poderoso de sua energia ancore em seu planeta Terra. À medida que vocês se abrem para essa energia, uma mudança automática ocorre em seu organismo. As células de seu corpo começam a passar por uma metamorfose.

Desde 11/11/11, suas células começaram a dar à luz uma nova reestruturação cristalina, que permite a vocês serem portadores das energias expandidas do Self. Seu corpo físico começará a ter capacidade de conter toda a sua luz. Até agora, seu aspecto de luz estava contido fora de seu corpo físico, pois vocês não tinham capacidade para abarcar toda a energia do Self. Essa é uma parte da metamorfose física que está acontecendo nas suas células agora mesmo.

A estrutura cristalina ancorou em vosso corpo. Agora, ela precisa ser ativada. Trazemos a vocês os processos de ativação da sua estrutura cristalina. No fim, tudo isso permitirá uma reativação do centro telepático do cérebro, dando-lhes acesso a uma comunhão sagrada com a Consciência Coletiva e com toda a força vital dentro do Universo.

Essa comunhão expandida está além do que vocês possam imaginar com a mente do ego. Será uma comunhão por intermédio do coração que dará à luz uma alegria simples e poderosa, a qual trans-

formará todas as células de seu ser. Essa alegria exorbitante trará ondas de luz transformadora para o campo energético de cada um de vocês, criando uma ativação dos códigos sagrados em seu corpo. Vocês começarão a vibrar em alinhamento com a energia da Terra.

Esses códigos energéticos sagrados foram estabelecidos. VOCÊS os estabeleceram para que VOCÊS os ativassem e os recebessem agora. Os códigos são ativados por meio de uma série de sons sagrados. Parte de nosso papel é oferecer esses códigos sagrados a vocês. Conforme vocês transmitirem os sons, sua frequência única nascerá. Suas células responderão aos códigos de frequência de nascimento e esses códigos ativarão uma Verdade interna. Vocês reconhecerão a energética dessa Verdade. Vocês se lembrarão.

Saibam que estão prontos para receber esses códigos transformadores. Eles os realinharão com seus dons espirituais, ativando uma lembrança da ligação divina natural entre vocês e o lugar que ocupam na Consciência Universal.

As energias no plano terrestre também estão mudando drasticamente. Por causa do nascimento das novas energias dimensionais, as forças da Natureza do seu planeta entrarão em um novo estado de consciência. Isso significa que a própria Terra é portadora de uma nova essência, uma capacidade mais profunda de trabalhar com cada um de vocês. Ela cumpre o importante papel de integradora no processo de renascimento de vocês.

É importante que vocês utilizem essas novas conexões conscientemente. Uma aliança importante é criada por meio desse processo de nascimento mútuo. Vocês precisam reconhecer e admitir isso. Conforme caminham em direção a essa troca que ocorre entre vocês e as forças da Natureza, um fluxo energético pode se entrelaçar entre ambos, abrindo passagens entre vocês e construindo uma aliança sagrada.

Vocês precisarão construir essa aliança sagrada à medida que as mudanças na Terra começarem a se acelerar. A união que vai se desenvolver vai apoiá-los no caminho das mudanças constantes e ajudá-los a se sintonizar com cada mudança dimensional no momento mesmo em que ela se desdobra. O relacionamento em desenvolvimento também vai capacitar-lhes a cumprir um aspecto do papel de vocês: o de serem portadores de vórtices energéticos no plano terrestre, para ajudar na transformação dimensional de seu planeta.

Nosso papel agora é, primeiro, trazer a vocês as informações, para que possam começar a compreender e relembrar. Depois, colocamos em posição uma série de plataformas energéticas que funcionam como um espelho, para que vocês possam se realinhar novamente com a sua energia, para seu despertar. Colocamos em posição o espelho energético que reflete a sua essência. Não traremos nossa própria energia para interferir em seu processo. Esse processo é só de vocês, e diz respeito à jornada da qual vocês concordaram previamente em participar. Fizemos pré-acordos para apoiá-los nesse caminho, como parte de NOSSA jornada. Nós testemunhamos vocês. Não podemos interferir em suas energias de modo algum.

Uma sequência de despertares deve acontecer dentro de vocês, num processo gradual que incremente sua luz energética. Cada parte do processo se constrói com base na anterior. O nascimento de uma luz dentro de vocês se espalha para cada célula física de seu corpo. Ela contém sua assinatura espiritual única. Nós nos regozijamos com cada novo raio de luz que vocês recebem em seu interior e acolhemos o novo estado que vem à luz a cada passo que vocês dão.

Trazemos para vocês as iniciações de luz para ajudá-los a se guiar neste período de mudanças e para apoiá-los em seu despertar. Nós lhes oferecemos uma visão panorâmica desse período em seu planeta para dar força ao seu processo de nascimento, ao processo de nascimento da

Terra, e para acolhê-los quando vocês ocuparem o lugar que lhes cabe na Consciência Universal. Guardamos o espaço para que vocês ativem seu pré-acordo. Esperamos por vocês.

Chegou o momento de vocês serem os senhores de si próprios.

É isso que vocês vieram fazer aqui.

Abram os olhos... Vejam seu Self; sejam vistos.

Abram os corações... Recebam seu Self com amor; sejam recebidos com amor.

As novas frequências de luz e som que agora inundam o planeta estão despertando vocês para a lembrança do seu verdadeiro Self e para uma nova ligação com ele.

Nós os congratulamos!

Bênçãos,
Os Pleiadianos.

1
Redefinindo Seu Relacionamento com Seu Eu Humano: Ser Humano/Ser Sagrado

Vocês carregam, dentro de vocês, o projeto sagrado de seu padrão para o Novo Alvorecer. Esse projeto único é uma parte da energia coletiva e está pronto para nascer por meio das suas células. Vai ser necessária a sua participação consciente, o que significa que, agora mesmo, vocês estão reivindicando seu Self por meio desse projeto sagrado. Esse é o pré-acordo que vocês fizeram: vir para cá e fazer isso agora.

As novas energias dimensionais que estão ancorando no planeta apoiam, contêm e se alinham com vocês para ajudá-los a se afastar da separação tridimensional que existe dentro de vocês. É como se vocês quebrassem o molde que os impediu de avançar durante muitas vidas. Isso faz parte de uma graça concedida a vocês no Novo Alvorecer, criada para facilitar-lhes a abertura a esse novo relacionamento, esse novo modo de ser com seu Self.

As novas energias quarta/quinta dimensão que estão nascendo no planeta permitem que vocês deem o próximo passo na construção de um novo relacionamento com seu Self. Permitem que vocês apreciem seu elemento humano, honrando a si mesmos por tudo o que passaram até agora nessa jornada pelo planeta e por todas as experiências que criaram para seu Self.

Uma parte importante do seu processo de aprendizado é conhecer e entender as suas vulnerabilidades humanas para que possam apreciar e apoiar a si mesmos nessa jornada. É essencial que vocês envolvam *todas* as partes do seu Self na jornada de transformação. Para isso, vocês precisam ser capazes de amar todos os aspectos do Self e de aceitar todas as partes da sua vulnerabilidade.

O seu aspecto humano tem ainda outro papel a desempenhar durante o Novo Alvorecer. O papel tridimensional desse aspecto humano está quase completo; seu novo papel da quarta e quinta dimensões exige que ele constitua uma união funcional com o aspecto espiritual, divino, de cada um de vocês: todas as partes do Self fluindo juntas conscientemente, voltando para casa de mãos dadas.

Muitos de vocês têm uma separação interna dentro de si, baseada no autojulgamento e na autocondenação por atos que cometeram, por experiências que viveram e por escolhas que fizeram ou deixaram de fazer. Vocês têm uma lista de acusações contra si mesmos e ainda assim escolheram ter essa experiência humana.

Os Pleiadianos sempre nos lembram de que todos são "perfeitamente imperfeitos" como seres humanos. Ainda assim, divulga-se a mentira de que, para serem iluminados, vocês têm de ser perfeitos. Na verdade, tudo o que vocês têm de fazer para serem iluminados é acabar com a separação interna do Self e aceitá-lo em seu estado "perfeitamente imperfeito". Vocês não podem avançar para a iluminação enquanto estiverem separados de seu Self. Precisam comemorar sua humanidade, relembrar que vieram para o plano terrestre para ter uma experiência humana.

Um grande fator dessa mudança (os Pleiadianos a chamam de "a parte mais importante") é o processo de autoaceitação, que leva à prática do amor-próprio. Isso virá automaticamente quando as energias da quarta e da quinta dimensões ancorarem no plano terrestre; mas, por enquanto, ainda existe uma ilusão tridimensional operando aqui.

Conforme vocês se transformam, seu aspecto espiritual pode evoluir — porque a separação interna acaba. Essa transformação fará nascer em vocês uma sensação de paz e estabilidade e os colocará de novo em realinhamento com um relacionamento quarta/quinta dimensão com seu Self. Vocês se tornarão testemunhas do drama tridimensional deste plano terrestre; não serão mais participantes dele. É hora de terminar o ciclo e retornar ao Self. Vocês se surpreenderão com a rapidez com que a vida vai se desdobrar quando começarem a desembaraçar o que está no íntimo de seu ser.

Como seres humanos, vocês tendem a direcionar a atenção para as distrações e exteriorizam a energia do Self. É um desafio sentir o elemento humano dentro do Self, sentir sua vulnerabilidade, explorar o que existe dentro de vocês.

É importante entender o processo por meio do qual vocês são criados. Quando vocês precisam aprender algo, seu aspecto divino mais elevado cria uma série de situações em seu mundo para que vocês vivam uma experiência. Isso lhes permite dar mais um passo em direção a um entendimento melhor da vulnerabilidade humana. Às vezes, cria-se uma situação para que vocês tenham outra oportunidade de trabalhar um problema com o qual não lidaram em experiências anteriores.

Vocês não veem dessa maneira quando estão em seu aspecto humano, quando estão na ilusão, mas a verdade é que tudo que se apresenta a vocês espelha algo que já está dentro de vocês — tudo aquilo com que não conseguiram lidar. Assumindo sua criação, vocês começam a lidar com os sentimentos interiores que surgem nessas situações.

Quando vocês estão dispostos a levar sua atenção para o próprio âmago do sentimento que está dentro de vocês, vocês respiram, levando o ar até esse sentimento, como se estivessem se afogando na experiência. É só assim que o sentimento pode deixar o corpo. A situação também poderá ir embora, já que não é mais necessária. A cura está completa; o problema foi resolvido.

Essa é a receita para lidar com os problemas interiores. Percebam que vocês não podem mais ser vítimas em sua vida. Essa é a peça principal para a transformação dos seus elementos de separação. O que acontece na vida de cada pessoa é criado por ela própria para que ela própria possa se transformar. Esse processo de nascimento não é fácil, mas cada um de vocês cria o que é necessário a cada momento. Isso pode ser desconfortável, dramático ou mesmo traumático e poderá causar o caos dentro de vocês; mas tudo vem como uma dádiva.

Dentro da energia do Novo Alvorecer há apoio para que vocês dominem o caminho em que estão agora. Por meio da ação da Escolha Consciente, vocês se capacitam para se alinhar com seu aspecto espiritual. À medida que assumem conscientemente sua criação e se abrem aos sentimentos assim provocados, um processo de transformação começa. Esse é o início do trabalho consciente para vocês se alinharem ao seu Self divino, seu Self criador. Essa "re-união" lhes dará impulso na caminhada; vocês serão capazes de se movimentar de um modo diferente em seu mundo, fluindo alinhados com o caminho que lhes está destinado.

Tudo isso se resume a dois elementos: medo e amor. Quando sentimentos perturbadores surgirem e vocês avaliarem as acusações que estão fazendo contra si mesmos, ficarão impressionados. Igualmente impressionante será a rapidez com que sua vida se transformará. É mágica e inacreditável a velocidade com que vocês podem mudar e transformar as coisas em sua vida com esse processo. Eu os encorajo a se abrirem para sua vida e se prontificarem a assumir sua própria criação. Disponham-se a sentir o que está à sua frente. A pergunta que devem se fazer é "Qual é a lição que está diante de mim agora?".

Deem a si mesmos permissão para se lembrar e para cometer erros. Vocês não precisam ser perfeitos. Alegrem-se com sua humanidade; despreguem-se da cruz; amem-se e compreendam-se; respirem, levando o ar até as suas células. Alinhem-se com o seu coração sagrado; seu coração é a ligação entre o espiritual e o humano. Deixem o sol entrar, ele é sua luz. Sintam-se honrados com cada escorregão que sofrerem durante a jornada e cuidem de cada aspecto de sua experiência com amor e compaixão. Todas as células ressoam e ressurgem com essa experiência gloriosa de término da separação.

Esse processo de finalização da separação interior toca profundamente o meu coração. A jornada que fiz para acabar com a separação foi um processo poderoso. Eu estava trilhando um caminho consciente para o despertar, comprometida com minha jornada e com minha missão, sabendo que uma parte importante do meu desdobramento envolvia o trabalho com meu Self. Compartilhei meu encontro com Jesus no meu livro anterior*. Foi durante essa conversa com Jesus que ele me mostrou que eu havia me pregado a uma cruz, usando e abusando da autocondenação. Fiquei chocada, mas ainda assim sabia que ele estava falando a verdade. Ele também falou que *eu mesma havia me pregado naquela cruz* e que eu era a única que poderia me tirar de lá. Disse que meu propósito aqui era me ressuscitar nesta vida.

À medida que fui assimilando essa informação, descobri uma enorme separação interior em mim. Meu próximo passo foi a introspecção, o autoexame de todas as culpas que carregava. A cada dia eu pegava um item de minha longa lista e me reconfortava, lembrando-me que era "perfeitamente imperfeita" e que estava aqui para aprender com os meus erros. Lembrava-me de que não era responsável pelas experiências dos outros. À medida que fazia isso, eu sentia aquele enorme aperto dentro de mim diminuir um pouco.

Sentia a importância de trabalhar para me envolver em amor e compaixão por tudo aquilo que havia sofrido com a experiência que eu estava passando. Todos os momentos em que eu conseguia me reconfortar com amor e compaixão eram acumulativos. Eu não sabia quanto tempo esse processo iria levar; simplesmente me comprometi a aprender sobre mim mesma, minhas vulnerabilidades e meus medos.

Um dia, quando terminei um momento de reconforto, algo impressionante aconteceu. Houve uma explosão de luz e a Mãe Maria apareceu ao meu lado. Atrás de mim minha cruz queimava. Naquele instante, o aperto em meu peito se extinguiu e a separação interna acabou. Fui preenchida pela gloriosa verdade da minha

---

* A autora está se referindo ao livro *Iniciações de Luz dos Pleiadianos*, publicado pela Editora Pensamento, SP, 2011. (N. da E.)

vida, sabendo que todos haviam cumprido seus papéis perfeitamente para que eu pudesse ter minhas experiências de aprendizado. Enchi-me de uma alegria e uma exultação mais fortes que qualquer coisa que já houvesse experienciado. Ainda trago comigo a beleza daquele momento, e sua verdade transformou a mim e ao modo como vivo cada instante de cada dia.

Ao contrário do que havia imaginado, não precisei trabalhar toda a minha lista. Só precisei alcançar o ponto em que aquele aperto diminuiu; então, fui capaz de me transformar e me libertar de minha separação interior – e minha cruz foi queimada.

Esse processo de renascimento foi um momento muito glorioso que continua a se desenvolver mesmo agora, anos depois. A verdade não lhes abandona; quando chegarem àquela verdade pura, ela continuará a se desenvolver por intermédio de vocês. Um amor imenso começou a nascer naturalmente de cada uma de minhas células, abrindo-me para um poderoso processo de autocura. Foi um resultado natural de minha transformação.

Incentivo cada um de vocês a começar sua lista, a se abrir para o próximo passo de sua jornada. Não há razão melhor para fazer isso do que o amor-próprio. Respirem. Conclamem seu Self e sua humanidade. Isso faz com que tudo seja possível. Permitam que todas as experiências sejam experiências de aprendizado. Permitam que tudo mais em sua vida simplesmente seja, simplesmente exista.

Depois de Curada a Separação, o que Vem a Seguir?

Quando vocês tiverem curado a separação tridimensional interior, terão desenvolvido um alinhamento estável com o reino da quarta e quinta dimensões. Por vezes, precisarão voltar à terceira dimensão para completar a cura dentro de sua humanidade, e não há problema algum nisso. À medida que vocês evoluírem, se abrirão conscientemente para um processo contínuo de aprendizado. Não serão mais vítimas, mas, ao contrário, abraçarão quaisquer experiências que aparecerem em seu caminho.

Mais importante, sua transformação vai permitir que você complete sua missão, trabalhando em harmonia com as forças da Natureza do planeta Terra e chegando a desenvolver um relacionamento de trabalho consciente e cotidiano com os reinos espirituais. O alinhamento direto com a consciência do coração sagrado cria a conexão sagrada entre sua humanidade e seu aspecto divino. Assim, você poderá caminhar pelo mundo de uma forma diferente e poderá ter uma experiência diferente do seu Self e dos outros seres humanos. Começará a experienciar a verdade da Unidade.

Sua jornada de transformação individual vai apoiar o desdobramento do plano terrestre, pois, eliminando-se a sua separação interna, suas capacidades se expandirão para ajudar a ancorar a transformação da consciência humana. Esse ancoramento no plano terrestre desempenha um papel importantíssimo: o de ajudar aos outros a completar suas próprias jornadas de transformação.

Vocês se tornam uma bênção só pelo fato de estarem no plano terrestre e de levarem dentro de si o elemento de re-união. Transformam-se em transmissores naturais do amor que agora é a essência do seu ser. O importante é que *agora* é a hora de darem um passo à frente para o cumprimento desse aspecto de sua missão.

Existem muitos grupos de força vital no Universo. Os seres humanos formam o único grupo que ainda opera dentro da ilusão tridimensional. Por causa da separação que existe dentro do elemento humano, é um desafio para vocês confiarem totalmente uns nos outros, desapegarem-se de tudo e abrirem seu coração uns para os outros.

No início, vocês vão achar mais fácil se abrir para outros grupos de força vital dentro de seu planeta, como os reinos vegetal, mineral e animal. Por fim, vocês se abrirão a grupos de força vital fora de seu planeta: todos os aspectos dos reinos espirituais, as energias alienígenas e todo o restante da força vital no Universo. Todos esses grupos têm uma consciência que pode apoiá-los neste momento, em sua integração e seu processo de nascimento. É importante procurar esse apoio e saber que não estão sozinhos nesse aspecto de sua jornada. O apoio da Mãe Maria, dos Pleiadianos, dos Anjos, de Sai Baba, de Jesus e de muitos outros seres de Luz foi uma parte essencial do meu processo de renascimento. Nunca se pretendeu que completássemos essa jornada de autorrenascimento sozinhos!

Chegará um tempo em que a raça humana terá de se abrir e em que todos os humanos terão de acolher uns aos outros em uma amorosa união. Assim como o aperto no peito que descrevi em meu processo de ressurreição, virá um momento em que nossa energia coletiva vai manifestar essa transformação e a separação se extinguirá. Então a verdade dessa interconexão que existe entre nós e a essência de Deus vai ser revelada. Esse tempo chegará naturalmente, à medida que começarmos a nos desenvolver. Essa verdade vai libertá-lo e naturalmente se estenderá em direção aos outros humanos, por meio do centro do seu coração. Quando toda separação acabar, nossos corações se encontrarão dentro da Unidade no nível da quinta dimensão.

Conforme as estruturas cristalinas nascem dentro de cada um de nós e as energias cristalinas são ativadas, surge a possibilidade de união com todos os seres humanos. Esse é um período glorioso, o período da verdadeira reunião dos grupos anímicos. Agora é a hora de você começar a se abrir para essa força vital mútua que todos os seres humanos compartilham. O término da separação entre todos os seres humanos têm que começar com vocês.

Chegará um tempo na Terra em que a ilusão tridimensional não mais existirá. Vocês não têm que esperar por isso; a energia tridimensional pode sair de seu mundo agora mesmo. Vocês podem tomar a decisão de atravessar esses períodos rapidamente, pois há uma nova energia de apoio no planeta.

Tempos difíceis estão chegando ao plano terrestre. Haverá muitos desafios. O processo de transformação para acabar com a separação vai apoiá-los nesses tempos difíceis. Vai ajudá-los a se manter de fora do drama humano e a experienciar a clareza e a conexão com o fluxo de sua intuição. Vocês serão capazes de seguir conscientemente as energias das mudanças enquanto elas nascem. Poderão ir conscientemente ao encontro desse período glorioso e se abrir para seu lugar dentro dele.

O primeiro passo agora é darem à luz seu Self conscientemente e se disporem a conhecer todos os aspectos de sua vulnerabilidade. Encontrem suas conexões sagradas. Ali se encontra "tudo" o que está dentro de vocês e também sua conexão com o Universo.

Sentem-se e fiquem com seu Self. Quando estiverem prontos, deem esse passo. Estou realmente sustentando esse espaço para vocês.

Amados,

Nós os saudamos; reverenciamos a vocês e à jornada que decidiram fazer neste plano terrestre. Respeitamos sua jornada humana e os passos que dão em direção ao processo de ressurreição. Lembramos vocês de sua aliança divina com todos os outros seres humanos em seu planeta e da importância de ver como cada ser humano faz o melhor que pode dentro de sua própria experiência. Testemunhamos cada pessoa nessa experiência, respeitando sua necessidade de estar dentro das escolhas que faz para si mesma a cada momento. Tudo se resume a não interferir no caminho alheio, compreender que vocês precisam dessa experiência e que farão o que tiverem de fazer quando tiverem de fazê-lo. Essa é uma verdadeira ação de amor, não tentar consertar as coisas para ninguém. Nada precisa ser consertado.

Vocês precisam testemunhar o drama ao seu redor, mas não se tornarem parte dele. Prefiram enfocar o que criaram ao seu redor. Abram-se para o momento de aprendizado e sintam o que está aqui para ser compreendido dentro de sua criação. Amem a seu Self, acolham-no neste momento.

Lembrem-se de que a ilusão tridimensional está se intensificando no seu plano terrestre. Não caia nela. Saiba que por intermédio do seu coração sagrado vão se revelar a calma, a paz e a verdade. Comecem com a Escolha Consciente, para alinharem-se cada vez mais com seu coração sagrado. Vocês podem fazer isso sozinhos e colherem frutos excelentes não só para si mesmos, mas também para ancorar essa energia para o planeta e para toda a humanidade.

Nós amamos vocês e os apoiamos nisso. Recorram a nós. Peçam nosso apoio de todas as maneiras. Chegou a hora.

Bênçãos,
Os Pleiadianos.

2
Escolha Consciente e Pré-acordos

Neste Novo Alvorecer, as energias dimensionais no plano terrestre mudaram e vão continuar mudando e se expandindo. A Terra está passando por uma metamorfose e os seres humanos estão sofrendo uma imensa transformação física e espiritual. O próximo passo é importante e estimulante: mudar o modo de trabalhar com seu poder pessoal. Antes, vocês desempenhavam um papel passivo – sentavam-se e esperavam que as experiências viessem ao seu encontro. Agora, neste Novo Alvorecer, chegou a hora de vocês se abrirem, por meio da ação da Escolha Consciente, para a utilização de seu poder pessoal.

O próprio movimento da escolha faz com que vocês se alinhem com o fluxo natural de seu poder pessoal. Isso dá início a uma jornada, realinhando-os com o seu aspecto original de "Seres de

Luz", trazendo-os de volta ao lugar que lhes cabe na Consciência Coletiva do Universo.

Nessa jornada, vocês devem recuperar seu poder e assumir a responsabilidade por estarem aqui neste plano terrestre e por viver a sua verdade e autenticidade. A mudança dimensional no plano terrestre "levantou os véus" para trazer-lhes novas oportunidades de relacionamento e interação conscientes com aspectos de seu Self divino. Essa nova energia dimensional reabriu um caminho para que vocês se aventurem dentro de uma nova estrutura energética dentro de vocês neste plano. O novo caminho os ajuda a lembrar de sua missão e se religar às partes sagradas do seu Self. Ele permite que vocês se realinhem com os sagrados Princípios de Vida, unindo-se ao restante do Universo por meio desses mesmos princípios. Esses princípios têm uma alta frequência de amor, permitindo que vocês retornem aos aspectos divinos do seu Self, ajudando seu aspecto humano a passar conscientemente para uma experiência da verdade da quarta dimensão, deixando o drama tridimensional para trás. As energias desses Princípios de Vida contêm a energia da Unidade, de modo que seu aspecto humano começará a se alinhar naturalmente com um estado de união com o aspecto sagrado do seu Self.

Sua Matriz Ativa

Existe um plano maior que, passo a passo, os levará a completar esse período de mudanças. Um aspecto do plano foi criado por vocês, para que se alinhem com a sua matriz por meio da Escolha Consciente quando a hora chegar. Para muitos de vocês, a hora já chegou. Esse próximo passo é muito estimulante e vai lhes impulsionar em direção ao seu destino!

Comparo esse plano a um mapa que une cada um de vocês a um molde único e exclusivo de energia dentro da Consciência Coletiva. Esse mapa vai permitir que vocês compreendam seu Self, que se conectem com ele, alinhem-se com ele e o testemunhem dentro da Consciência Coletiva neste momento. Durante a jornada, esse mapa lhes dará uma compreensão mais profunda do papel importante que desempenham agora, durante essas mudanças terrestres. Ele vai ajudá-los a participar conscientemente de seu papel, trazendo-lhes clareza para que vocês se alinhem com os Princípios de Vida sagrados que existem dentro da Consciência Universal.

Trabalhei com meu próprio aspecto desse mapa durante muitos anos. Ele me trouxe a um estado de alerta acelerado para que eu completasse a matriz da minha primeira missão. À medida que comecei a entender meu lugar nas energias coletivas, fui capaz de me aprofundar cada vez mais em meu poder e me alinhar com esses princípios sagrados que existem no Universo. Cada um de vocês tem a energia desses princípios em suas células. Elas começam a ser ativadas à medida que vocês despertam e se alinham com seu projeto. Por exemplo, compartilhei em *Iniciações de Luz dos Pleiadianos* a história de como comecei a matriz de minha segunda missão para esta vida.

Cada um de vocês criou sua "matriz" antes de vir para este plano terrestre. Uma matriz é como um projeto ativo que contém sua assinatura exclusiva e divina, alinhando-os com a missão que devem desempenhar aqui. Vocês criaram sua matriz, que contém sua missão individual, e é a energia dele que os impele a completar essa missão. Sua Consciência Sagrada está entretecida em toda a sua matriz, alinhando-os diretamente com o lugar que lhes cabe na

Consciência Coletiva. Vocês não podem estar neste plano terrestre sem uma matriz atualizada e ativa.

É pela Escolha Consciente que vocês ativam esse alinhamento natural com sua matriz – com aquilo que escolheram previamente para si mesmos neste momento. Durante várias existências, sua mente do ego controlou seus movimentos. Com a energia do Novo Alvorecer, uma corrente mais forte de verdade os impulsiona, como a corrente de um rio, ligando-os à luz de sua conexão divina. O simples ato de fazer a *Escolha Consciente* de se alinharem com sua matriz é o suficiente, como se fosse uma chave que lhes abre novamente a porta da sua passagem.

Utilizando a Escolha Consciente, vocês podem reivindicar seu direito natural à oportunidade, ativando as energias dos Princípios de Vida que estão imbuídas nas células de seu corpo. Desse modo, começam a criar um impacto na Consciência Universal, porque se alinham energeticamente com o Universo quando esses Princípios de Vida são ativados. É como se vocês se tornassem frequências de luz vibratórias, que podem ressoar no Universo. Assim começam a ocupar seu lugar!

Por que o Ato de Escolha Consciente Cria Esse Impacto?

Quando vocês ativam sua Escolha Consciente, seu selo energético se ativa em todo o Circuito Universal, o que permite uma expansão do lugar natural de cada um de vocês. Essa onda de energia do selo abrilhanta a sua luz, completando outro aspecto do Self no circuito. Vocês começam a voltar para casa. A assinatura divina de luz de cada um de vocês começa a se expandir e a interagir com toda a força vital do Universo. Essa essência da luz afeta o equilíbrio dentro da Consciência Coletiva e dentro do Universo. Saibam que, no momento em que fazem um ato de Escolha Consciente pelos Princípios de Vida, a energia começa a renascer por intermédio de vocês.

O Circuito ou Rede Universal é como um quebra-cabeça gigante. Vocês têm uma peça única que se encaixa nele. Nenhuma outra energia tem essa peça. Cada vez que vocês ativam sua Escolha Consciente, sua peça do quebra-cabeça começa a vibrar, a criar vida; então, sua frequência única de luz pode começar a cumprir seu papel dentro das energias coletivas desse circuito energético. Vocês fazem a diferença. À medida que trabalham com sua Escolha Consciente, seu lugar no Circuito Universal começa a refletir os aspectos multifacetados das suas energias coletivas sagradas. Ao nascerem, esses aspectos sagrados podem apoiar vocês, trabalhar com vocês e ajudá-los a cumprir sua missão.

Cada vez que vocês se abrem à sua ação de Escolha Consciente aqui no plano terrestre, mais conexões nascentes se formam com seu lugar no Circuito Universal. Sua rede energética se expande dimensionalmente por meio das células do corpo, ativando um processo de despertar. As células de seu corpo começam a vibrar em sua frequência natural e ocorre um processo de transformação dentro de seu corpo físico, alinhando-o com a vibração de amor que existe no lugar que cabe a cada um de vocês no Circuito Universal. Suas células se sintonizam, como um rádio, nessa frequência de amor que existe em seu lugar do circuito. Cada vez que vocês trabalham por meio do ato de Escolha Consciente, alinham outro nível com essa frequência de amor e dão outro passo em direção ao lar.

A frequência em mutação dentro de seu corpo apoia a transformação do planeta. A ajuda de cada um de vocês para ancorar esses novos estados dimensionais em nosso plano terrestre é importante, porque suas energias exclusivas são muito mais potentes do que qualquer trabalho que os Pleiadianos façam. Quando vocês começam a ativar energias de pré-acordos, a essência, o resultado e a dinâmica geral se tornam muito mais poderosos dentro da Consciência Coletiva. Vocês podem causar um impacto significativo, completando seus pré-acordos.

À medida que vocês se adiantam para o momento, as células em seu corpo se ajustam e se alinham com esse novo nível dimensional e uma nova consciência de Self pode nascer. Vocês têm, *a cada momento*, a escolha de se abrirem para outra parte de seu Self. Suas células estão esperando vocês se alinharem. Quando vocês o fazem, elas saem da separação e entram em uma expressão multidimensional daquele instante. O arquivo de áudio recomendado a seguir, neste capítulo, vai apresentá-los a um processo que abre essas oportunidades a cada instante.

O tempo não existe. Então, no exato momento em que ativam sua Escolha Consciente, vocês se expandem para uma experiência de Ser ilimitada, para aquilo que está sendo totalmente revelado. Dentro dessa atemporalidade existem muitos aspectos de espaço e nenhuma limitação. Vocês sentirão a liberdade de somente Ser à medida que forem entrando em suas experiências a cada momento.

O Processo de Escolha Consciente em Grupo

Os Pleiadianos trazem um processo que permitirá a cada um de vocês subir em conjunto para outro nível de despertar, passar a um estado de não separação com seu Self e uns com os outros.

Esse processo consiste, em parte, em vocês aumentarem sua energia de Escolha Consciente, participando de um círculo de duas ou mais pessoas. Até mesmo com uma congregação mínima de duas pessoas podem-se colocar quatro cadeiras ou almofadas posicionadas para criar a energia de um círculo. Uma congregação maior pode ter um número ilimitado de pessoas ou uma série de círculos, dependendo do espaço.

Sentem-se em círculo sem compromissos. Simplesmente sejam. Observem a mente do ego tentando criar uma estrutura que lhe permita participar. *E se tocássemos música antes de começarmos, ou então deixássemos uma música de fundo? Podemos colocar velas e cristais no centro do círculo? Podemos acender um incenso? Podemos compartilhar nossas experiências no final?* O ego sempre vai tentar fazer comentários e perguntas para complicar mais do que o necessário.

À medida que vocês tomam seu lugar no círculo (e todos tomam seu lugar dessa maneira, sem ego), o círculo de energia pode acessar um portal natural que permite a cada um de vocês receber seu Self em um novo espaço dimensional de ser. Esse portal é ativado quando duas ou mais pessoas concordem em se sentar em círculo sem compromisso, e se abrem ao simples ser, juntas, por um propósito maior do que o ego.

Quando essa união acontece, ela permite que uma ancoragem de quarta e quinta dimensões se abra em seu círculo. Ao mesmo tempo, novos padrões energéticos nascem no plano terrestre – padrões de luz dimensionais novos – e apoiam esse período de transição do planeta.

Vocês estão sendo chamados para se reunir em quantos círculos lhes for possível neste momento. Esse processo também vai ajudá-los a criar um alinhamento diferente dentro de seu campo energético, para a expansão do nascimento de suas energias de luz e da aceleração de seu despertar. Quando escolhem esse caminho de experiência, os portais que se abrem dentro de seu círculo trazem um novo alvorecer de consciência para vocês. Esses portais contêm os alinhamentos dos Princípios de Vida e vocês se abrem para o conhecimento e para a compreensão, conectando-se a um vórtice universal. Escolhem a conexão, a Unidade, a verdade, o realinhamento, a reunião e a lembrança. As energias que estão chegando ao planeta vão levantar muitos véus. Cabe a vocês decidirem como receberão a si mesmos nesse momento.

Vocês não podem sequer imaginar o poder transformador de um grupo de seres humanos que se reúne para simplesmente Ser, sem compromissos humanos, sentados em círculo, escolhendo algo diferente da experiência tridimensional.

Meus Amados,
Pede-se a vocês, neste momento, que se abram e vivam por intermédio do centro do seu coração. É por meio do coração que vocês começarão a entender seu verdadeiro caminho e serão capazes de compreender essa nova perspectiva de viver pelo ser. É por meio do coração que vocês realizarão a verdade – verdade sobre o que é importante em suas vidas.

Vocês se voltarão uns para os outros com uma nova compreensão do amor. Quando falamos sobre o amor, falamos sobre a autenticidade e a integridade de ação consigo mesmos. E também das ações de vocês uns para com os outros, abandonando os pensamentos insignificantes de sua mente do ego que criam separação. Já se foi a época de se prender a velhas disputas, a velhas mágoas e ao egoísmo.

Não há competição aqui, somente um movimento de união e um compartilhamento de amor; um movimento de união de consciências, como uma onda. Chegou o momento de abandonar a separação, pois a verdade é que fora do ego ela não existe. Encontrem outros como vocês, que estejam dispostos a serem arrastados por essa onda de conexão. Construam suas alianças e tragam sua consciência única para a conexão do grupo. Honrem as diferenças que vêm com vocês, abram seus corações e unam-se.

Nos tempos que estão por vir, vocês precisarão dessas conexões. Juntos, formam uma forte onda de luz que fará uma enorme diferença em seu planeta. Juntem-se em círculos e permitam que a energia do círculo se expanda e cresça em consciência. É importante que seu círculo cresça numericamente. Não feche seu círculo para os outros; saúde cada recém-chegado como um aspecto precioso de luz, que traz uma frequência única para seu círculo de energia.

Lembrem-se de que vocês são humanos, que não são perfeitos e que erros serão cometidos. Perdoem-se enquanto dão um passo à frente e começam essa aliança uns com os outros. Abram-se para perdoarem a si mesmos e para perdoarem aos outros. Relaxem e abram-se para essa grande oportunidade que está diante de vocês!

Com muito amor,
Os Pleiadianos.

Ativando Sua Escolha Consciente

Arquivo de Áudio: Capítulo 2

Arquivo de Áudio nº 1

Hoje pedimos que vocês apoiem seu coração e permitam que nasça uma nova conexão dentro do seu Self, dizendo: *sim, estou disposto a me soltar e a me abrir para esse novo alinhamento comigo mesmo.* Cada escolha que vocês fizerem agora criará mudanças poderosas dentro de vocês e também em suas células. Façam uma escolha e então simplesmente *soltem*. Confiem em seu fluxo. Não tentem controlar seu processo. Os ajustes serão feitos através de seu campo energético e isso trará a vocês uma percepção mais refinada de seu mundo. Esse processo se ativa instantaneamente por meio de suas células, de seu campo energético e de sua consciência.

Respirem e soltem. Haverá uma mudança dentro de vocês e um novo alinhamento em sua consciência.

Pré-acordos

Com a mudança de sua consciência, vocês começam a representar um novo papel. Parte desse novo papel envolve a evocação dos pré-acordos que vocês fizeram para apoiá-los nesse momento de sua evolução. A evocação desses pré-acordos abre um caminho de destino que vocês estabeleceram. Ela ativa alinhamentos energéticos com aspectos de seu Self sagrado e lhes mantém alinhados com uma frequência de fluxo maior.

Por meio da Escolha Consciente, vocês reivindicam seu direito natural de trabalhar com alianças energéticas dentro do Universo e, assim, começam a se realinhar com o papel sagrado que desempenham na Consciência Coletiva. Vocês se abrem para um relacionamento funcional com essas alianças energéticas.

O pré-acordo mais significativo que vocês fizeram foi o de concordar em estar aqui neste momento do planeta, representando seu papel e completando sua missão durante este período de transformação. A afirmação desse compromisso é poderosa; quando vocês confirmam essa Verdade, criam outra volta em sua própria espiral. Reafirmando esse fato, vocês dão o próximo passo, entregando ao seu Self o poder de receber outro aspecto do Self. Vocês começam a ter um papel mais completo em seu caminho. À medida que fazem isso, outros portais dimensionais se abrem diante de vocês.

Deixem que o Universo os testemunhe e vejam como seu passo se acelera. É como lançar seu Self em um novo caminho de consciência.

Existem muitos pré-acordos que vocês criaram, e muitos deles estão prontos para que vocês os ativem. Todos esses pré-acordos foram estabelecidos para que vocês tivessem o apoio necessário no momento para cumprirem sua missão neste plano terrestre. Vocês podem não se lembrar ao que esses acordos estão vinculados ou com quem eles foram feitos. Isso não é importante. Simplesmente confiem em si mesmos o suficiente para saber que os firmaram para que recebessem o que precisam agora, para conseguir passar por esse próximo período.

Por meio da ativação das conexões de seus pré-acordos dentro de outros reinos dimensionais, vocês conseguem se colocar em um novo caminho de consciência. Não podem passar por essa parte de sua jornada sozinhos. O caminho foi feito para que vocês se desenvolvam com esse apoio. Esse próximo aspecto de sua jornada tem um forte componente de amor e de união com outros seres.

Esse processo de aprendizagem, para trabalhar com outras pessoas através de seu coração, é novo para vocês. Essas conexões são realmente uma parte natural de vocês, e agora é a hora de se abrirem para essa experiência expandida do seu Self dentro de uma união multidimensional e para a sua essência como seres espirituais dentro dessas parcerias. Vocês terão livre-arbítrio como seres humanos, de modo que essas alianças energéticas não podem se apresentar e apoiá-los sem que vocês as ativem por meio de sua Escolha Consciente.

Cada um de vocês tem alianças diferentes. Alguns têm pré-acordos com os reinos espirituais: com os Anjos, com os Seres de Luz e com os Mestres. Alguns têm pré-acordos com energias específicas, como a Mãe Maria, Jesus, Sai Baba, Buda, Quan Yen e outros Seres de aliança. Alguns têm acordo prévio com o Conselho Galáctico, com os Pleiadianos e com outras energias estelares.

Vocês podem trabalhar com um determinado grupo de energias ou com uma energia em particular. À medida que ativam seus pré-acordos, poderão descobrir um grupo muito diferente se apresentando para ajudá-los. Pode ser o momento para que novas alianças surjam aqui neste período central, e pode ser que seu destino seja completar seus projetos com esse grupo diferente de forças energéticas.

Eu sei que, por serem humanos, vocês se acostumam a ter certos tipos de energias os ajudando. Talvez alguns de vocês tenham trabalhado com os mesmos guias ou mestres individuais por algum tempo em seu caminho. Entretanto, dentro das mudanças que estão ocorrendo, muitos de vocês estarão prontos para novos sistemas de apoio. Vocês precisam confiar e se abrir para essas novas alianças. À medida que se alinham, conseguem transpor um obstáculo, se abrindo para outro aspecto dimensional de sua força vital. Esse alinhamento ajusta seu foco e sua consciência para outro fluxo dimensional. Ele os leva de certo estado para outra experiência de ser. Isso lhes dá uma perspectiva completamente diferente de vocês e de seu mundo. Há uma mudança interior instantânea, uma reconexão divina.

Algumas das mudanças envolvem ocupar os seus lugares na Consciência Coletiva e avançar em uma nova direção, de modo a verem e compreenderem melhor a verdade do momento. As portas estão abertas para que vocês deem outro passo poderoso dentro de uma nova estrutura.

O momento é perfeito para a ativação de seus pré-acordos e vocês podem simplesmente dizer "sim" a eles. Simplesmente sintam essa certeza com o coração e respirem. Ao dar esse passo, vocês contarão com o enorme apoio do Universo.

Os Pleiadianos, os Lemurianos e os reinos espirituais continuam a pedir que uma conexão consciente aconteça, partindo de vocês em direção a eles. Eles dizem que o pedido de ajuda específico em sua vida diária faz parte de seu processo de despertar.

Quando eu me adiantei e conscientemente conclamei apoio para minha vida, todo o meu mundo mudou. Repentinamente, ele se tornou muito mais aberto e fluido, como se todas as oportunidades tomassem vida. Quando trabalhei lado a lado com os Espíritos e com os Pleiadianos, senti que estava trabalhando como parte de uma equipe. Aos poucos, à medida que a confiança que eles tinham em mim cresceu, pude me expandir mais, dando-lhes relatos diários das necessidades de minha vida, do apoio de que eu precisava para preencher aspectos dos projetos da minha missão e do apoio de que precisava para me soltar em meu Self, de modo que pudesse avançar e não ficar presa em meu aspecto tridimensional humano.

Percebi que era muito importante que eu criasse uma estrutura para mim mesma com minha equipe energética, então criei um momento para encontros matinais diários, como uma reunião de conselho, para delinear as tarefas seguintes, pedindo detalhadamente tudo aquilo de que precisava. Percebi que minha equipe não sabia como esse planeta funcionava tridimensionalmente. Por isso, a definição de minhas necessidades ajudou-a a me acompanhar na execução do trabalho.

Essa estrutura me apoiava durante o dia. Sentia uma proximidade com minhas alianças energéticas a cada passo que dava. Sentia o poder de me tornar parte de um time. Também descobri o quanto era importante, para mim, ser um membro dessa equipe funcional. Essa aliança acelerou uma união divina da qual eu fazia parte, o que ativou uma tecedura sagrada entre mim e as alianças em minha equipe. Tornou-se uma experiência sagrada. Meu coração se expandia à medida que eu desempenhava esse novo papel, porque comecei a ter uma nova vibração de amor em meu coração e nessas profundas conexões de amor dentro da equipe. Eu me sentia parte dessa união divina todas as manhãs.

Percebi que é importante compartilhar minha experiência de trabalhar próxima aos Espíritos, para que vocês possam começar a compreender como a interação com eles pode apoiá-los. Quando vocês se aproximam de suas alianças energéticas, elas começam a compreendê-los e às suas necessidades dentro de seu aspecto humano, que opera dentro deste plano terrestre tridimensional. Seus aliados nos pré-acordos são ajudados por essa atitude e conseguem começar a entender como ajudá-los em sua missão de seres humanos.

Passos para a Ativação dos Pré-acordos Energéticos Por Meio da Escolha Consciente

Arquivo de Áudio: Capítulo 2

Arquivo de Áudio nº 2

1. Envolvam seu coração com a palma da mão e levem sua Atenção Consciente até ela, conectando-a ao coração.
2. Não se esqueçam de usar a Respiração Consciente (inspirar e expirar pela boca), alternando-a com a respiração normal a cada 30 segundos.
3. Entre no momento. Simplesmente Sejam consigo mesmos, com suas mãos, seu corpo e sua respiração – nada mais.

4. Por meio da Escolha Consciente ativa, conclamem, agora mesmo, seu pré-acordo com todas as alianças energéticas.
5. Soltem. Vocês talvez sintam uma forte energia perpassando todo o seu ser à medida que dá esses passos. Isso ocorre porque, ao dar esse passo, vocês estão ativando outro nível de seu caminhar.

Ao trabalhar com esse arquivo de áudio nº 2, soltem e permitam a sua experiência. Abram-se para tudo que está aqui, para vocês, no momento. Lembrem-se: quando vocês mantêm seu Self no momento, começam a se alinhar com muitos aspectos energéticos dele. Desfrutem de sua experiência!

Depois Que Ativarem as Alianças Energéticas dos seus Pré-acordos

É por intermédio do centro telepático no cérebro que vocês podem se alinhar com essas novas conexões e utilizá-las plenamente por meio de seus pré-acordos com os reinos energéticos. Esse processo de ativação lhes dá a oportunidade de se abrir e desenvolver suas habilidades, usando sua comunicação e comunhão telepáticas. Isso vai ajudá-los a construir um relacionamento funcional fácil com os reinos espirituais e com as outras energias com as quais se alinhou. O Universo se comunica por meios telepáticos. Agora é o momento de vocês começarem essa ativação.

Nota: Leiam o Capítulo 3 e então baixem os arquivos de áudio para sua ativação telepática.

Pré-acordos com Outros Seres Humanos Neste Plano Terrestre

Vocês fizeram pré-acordos com outros seres humanos no planeta, e é importante que esses pré-acordos sejam ativados agora. Vocês já vieram com esses pré-acordos firmados com certos grupos e determinadas pessoas. Esses grupos ou essas pessoas, que surgem em sua vida para ajudá-los, estão aqui para espelhar certas coisas, para que vocês possam cultivar um processo de amor-próprio. Outras pessoas — seus amigos — são pessoas que estão aqui para apoiá-los, e dentro dessa amizade existem missões mútuas, que vocês concordaram previamente em cumprir com aquela pessoa ou aqueles grupos de pessoas.

Para alguns, agora é a hora de conclamar sua alma gêmea. Muitos de vocês se reconectarão com a pessoa que lhes foi destinada, para aprender e viver o amor de um modo muito diferente, para curar feridas interiores que criaram uma separação em vocês. Agora, mutuamente, soltem e cultivem o amor, cumprindo um pré-acordo importante.

Existem alguns grupos anímicos que concordaram previamente em se reunir neste período de tempo, para ajudar nos circuitos de ancoragem, na manutenção de linhas de circuito e no cumprimento de projetos em conjunto. Parte das missões dos membros desses grupos anímicos é testemunhar uns aos outros nos processos de nascimento individuais, assim como no nascimento de uma profunda união dentro do grupo. Esse é o momento em que nós, como seres humanos, devemos nos voltar uns para os outros e nos conectarmos mutuamente por meio de relacionamentos de quarta e quinta dimensões, apoiando-nos uns aos outros e recordando-nos juntos dentro de uniões sagradas. Temos de confiar e amar por intermédio do nascimento da Verdade, abandonando os pensamentos separatistas do ego e trabalhando juntos em um estado de união, reativando conscientemente a conexão divina em nossos grupos.

Amados,

Saudações. Abrimos para vocês uma visão clara de seu Self neste momento. Vocês são um sol central, enquanto tudo o mais se move ao seu redor. Vocês atraem para si mesmos neste período tudo o que precisam, pela Escolha Consciente. Essa é a nova energia que os rodeia. Parte dessa jornada envolve certa aprendizagem para que vocês compreendam seu valor, para que compreendam seu poder e para que compreendam a ilusão de seu mundo. É uma passagem de uma realidade de ilusão à realidade da Verdade. Essa Verdade é que vocês recebam seu Self. É a Verdade de tudo que vocês são dentro de sua humanidade e tudo que são dentro de sua natureza espiritual. Nós os testemunhamos nessa transição para o Self. Testemunhamos sua coragem de se abrir para a confiança, nem sempre compreendendo tudo o que está acontecendo no momento, mas se adiantando com o coração e ocupando os lugares que lhes cabem. Saibam que apoiamos vocês em sua transição.

Amor e bênçãos,
Os Pleiadianos.

3
Ativando Sua Estrutura Cristalina

Mencionei a ativação da Escolha Consciente em suas vidas. Neste momento, vocês têm uma grande oportunidade de despertar por meio de sua estrutura cristalina que acabou de nascer. Vocês receberam uma dádiva e chegou a hora de despertar. Cada um de vocês tem a mesma oportunidade de entrar nessa nova transformação. Não é só o planeta que está passando por uma mudança dimensional — do planeta tridimensional para um planeta da quarta/quinta dimensão —, mas vocês mesmos estão sofrendo essa mudança, com um nascimento energético dentro de seu corpo físico. À medida que a Terra passa por esse processo de nascimento multidimensional, vocês passam por um processo de nascimento elétrico intracelular.

As energias de seu corpo precisam se alinhar com a Terra para que vocês se unam entre si e se adaptem às mudanças energéticas que estão ocorrendo no planeta. Além das mudanças físicas acontecendo dentro de vocês, sua consciência se encontra em um estado de profunda abertura à transformação. Todo o planeta está passando por uma poderosa metamorfose. Essa metamorfose se iniciou gradualmente no começo de 2009, quando os Pleiadianos falaram que a energia da Profecia de Autocura seria ativada no planeta. Foi um período de graça que abriu para todos os seres humanos a oportunidade de receber apoio em seu despertar para o Novo Alvorecer.

Os Pleiadianos me passaram esta imagem: cada vez que acontece um terremoto ou qualquer tipo de atividade vulcânica no plano terrestre, um feixe de luz nasce e vem em direção a este plano terrestre. Isso cria uma mudança dimensional na energia da Terra, ancorando as energias da quarta/quinta dimensão. Ao mesmo tempo, essa luz também gera um nascimento multidimensional de luz dentro de cada célula de seu corpo. Essas mudanças energéticas eram muito sutis no início — algo necessário, porque vocês precisavam se acostumar fisicamente às mudanças. Cada mudança os levava a um estado diferente de consciência.

Imagine um cômodo escuro onde a luz nunca brilhou. Repentinamente uma janela se abre e a luz entra pela primeira vez. Essa luz cria uma consciência crescente dentro de uma pequena parte de vocês, que se expande cada vez que a luz entra, criando uma transformação interior. Essa *luz nascente* expande a frequência de luz de cada uma de suas células e cada célula responde à luz do despertar que contém a essência divina única do Self.

Esse pequeno raio de luz também começou a nascer no plano terrestre, reabrindo as linhas de circuito energéticas e trazendo a energia do Novo Alvorecer à Terra, às plantas e às pedras. Há uma reativação dos agroglifos*, que os leva a um novo nível multidimensional. Existe uma rede de alinhamentos que parte dos agroglifos e passa por todos os monumentos megalíticos do planeta, abrindo uma teia energética através do mundo todo. Está ocorrendo também um realinhamento de todos os monumentos megalíticos, que os leva de volta ao estado puro e sagrado de quando eles ancoraram pela primeira vez no planeta Terra. Essa rede de alinhamentos propiciou a criação de uma tecedura sagrada que abrange todo o plano terrestre. Essa teia cria um ventre para os Princípios de Vida renascerem por intermédio de cada um de vocês.

Todas as energias do plano terrestre que têm uma aura energética estão sendo redesenhadas e realinhadas com essa pura força de luz de despertar nessa tecedura sagrada.

Em 11/11/11 ocorreu uma mudança dinâmica. Ondas de uma luz nascente ancoraram no planeta. As energias que vieram naquela ocasião trouxeram uma frequência de amor que criou novos caminhos para que cada um de vocês se movimentasse. Essas passagens, que eu comparo a "canais de luz nascentes", se abriram para permitir que cada pessoa se conectasse a aspectos individuais de seu Self divino. Suas células estavam prontas para conter e integrar níveis maiores de luz em seu corpo físico. Isso permitiu que vocês se abrissem e se realinhassem com essa nova perspectiva dimensional de relacionamento com seu Eu Espiritual.

Um véu se ergueu em 11/11/11 para que vocês vislumbrassem melhor a verdade de quem são em seu coração sagrado da quarta e quinta dimensões. Simultaneamente, vocês foram retirados do drama da ilusão tridimensional e alinhados naturalmente ao seu

* Termo atualmente usado para designar os chamados "círculos ingleses" ou "círculos nas plantações". (N. da E.)

Eu Espiritual. Muitos de vocês progrediram nessa reconexão com seu Self. A memória ancorou em suas células e por isso vocês nunca mais se envolverão tanto no drama tridimensional.

Cada um de vocês fez um pré-acordo para receber esse despertar. A luz pura que nasceu por intermédio de vocês em 11/11/11 também fez nascer uma estrutura cristalina em seu corpo. Cada humano no planeta recebeu essa estrutura cristalina naquele momento. A estrutura nasceu e ancorou no espaço entre suas células. Não foi ativada. Agora, por meio da Escolha Consciente, é a hora de você ativar sua estrutura cristalina.

Vamos falar sobre as qualidades da estrutura cristalina. Essa estrutura contém uma frequência pura de luz, funciona como um transmissor de natureza elétrica e tem uma capacidade ilimitada de conter as frequências mais elevadas de sua luz divina. Quando totalmente ativada, permitirá que toda a sua frequência de luz seja contida dentro de seu corpo físico. Vocês escolhem o momento, quando estiverem prontos, para esse aspecto de seu processo de iluminação.

A estrutura cristalina dentro de cada um de vocês traz em si um componente divino único, de modo que nenhuma estrutura cristalina é igual às outras. Porém, as estruturas cristalinas de todas as pessoas têm um elemento em comum: a consciência de Deus, permitindo que todos vocês tenham uma experiência direta de Unidade uns com os outros. Saibam que essa estrutura cristalina simplesmente faz com que vocês renasçam e se reúnam com seu estado espiritual natural. Essa ativação vai mudar a dinâmica energética do seu corpo físico, permitindo que vocês contenham todo o aspecto energético de sua luz divina dentro das células do corpo. Até agora, o maior aspecto de sua luz tem sido mantido fora do corpo, porque seu sistema elétrico não conseguia lidar com tal nível de energia. Agora, com sua ativação cristalina, essa dinâmica mudou.

Uma vez que vocês iniciam a ativação de sua estrutura cristalina, seu processo de renascimento começa. É hora de vocês avançarem para uma fase de fortalecimento do seu poder pessoal. O Novo Alvorecer envolve esse aspecto: vocês dando à luz vocês mesmos — ancorando toda a energia de seu Self iluminado dentro do corpo físico.

Por que Recebemos essa Estrutura Cristalina Agora?

À medida que essas aberturas de quarta/quinta dimensão vêm à existência, novos níveis de energia elétrica também surgem aos poucos dentro de vocês. Esses circuitos energéticos estão reemergindo na Terra, e são projetados para ajudá-los a se ancorar e se alinhar com essas energias da quarta/quinta dimensão. Esses circuitos apoiam a expansão de um fluxo energético elétrico natural no planeta, e vocês estão recebendo esse fluxo elétrico por meio das células do corpo. Vocês fazem parte desse novo fluxo natural energético. É como se houvesse uma interconexão sutil, mas poderosa, entre vocês e toda a força vital do planeta.

Vocês não estão separados; estão cumprindo um papel importantíssimo nesse processo de despertar. Fizeram pré-acordos de desempenhar seus papéis individuais nesse incrível processo de transformação como parte da Consciência Coletiva. É por causa de sua estrutura cristalina que podem fazer parte dessa poderosa interconexão entre vocês e todas as energias de força vital em seu planeta.

O papel dos Pleiadianos é dar-lhes acesso a uma série de códigos de despertar que podem ser usados por meio de sua Escolha

Consciente para ativar a estrutura cristalina nos diferentes locais cristalinos de seu corpo. Vocês precisarão de alguma ajuda para se adaptar ao novo sistema elétrico que nasce através de vocês, à medida que as estruturas cristalinas começarem a se ativar. Os Pleiadianos estão aqui para ajudá-los energeticamente, para que vocês possam se integrar de modo total. As energias lemurianas estão se abrindo em uma aliança energética com os Pleiadianos, para ajudá-los nesses ajustes cristalinos.

Os Lemurianos estavam presentes na Terra na época da Atlântida, mas os atlantes ficavam na terra e os Lemurianos ficavam sob a água. Ambos lidavam com os cristais. Os atlantes eram científicos e os Lemurianos, espirituais; trabalhavam com os alinhamentos espirituais dos cristais. O papel deles aqui é ajudá-los em sua transição física, enquanto vocês dão à luz sua estrutura cristalina. Os Lemurianos são especializados em estrutura cristalina e podem ajudá-los no ajuste de sua estrutura cristalina e na integração dela com seu organismo. Eles também podem ajudá-los a assimilar o novo sistema elétrico em seu corpo e em seu campo energético, à medida que vocês avançam nesse processo de transformação.

Quando ativada, a estrutura cristalina rejuvenesce as células do corpo por meio do componente elétrico que nasce das células. Por sua vez, esse processo faz com que suas células entrem em um novo estado de transformação energética. Elas se tornam capazes de conter e integrar aspectos novos e mais elevados de sua luz divina, o que alguns chamariam de Eu Superior.

Quando vocês começam a ativar sua estrutura cristalina, é importante fazê-lo um nível de cada vez, por meio das camadas elétricas. Em cada camada existem muitos níveis multidimensionais de si mesmos para nascer, abrindo-se para uma quantidade ilimitada de potencial. Com essas aberturas, há uma aceleração de seu processo de iluminação.

Vamos ver os diferentes papéis que sua estrutura cristalina pode desempenhar no corpo, dependendo da área em que a estrutura cristalina em questão estiver contida. Até agora, as áreas que abrigam a estrutura cristalina são o cérebro, a tireoide, o coração e a coluna vertebral. À medida que se aprofundam nesse período transformador, novos locais cristalinos surgirão dentro de vocês.

Nota: algumas pessoas terão as estruturas cristalinas localizadas em outras áreas do corpo, dependendo de pré-acordos individuais e de seu papel no período do Novo Alvorecer. As localizações de estruturas cristalinas que se seguem determinam, para a maior parte de vocês, onde as ativações precisam ser feitas.

O Cérebro

Quando ativada, a estrutura cristalina do cérebro reativa o centro telepático. Existem duas partes no centro telepático do cérebro: uma para a comunicação telepática e outra para a comunhão telepática.

À medida que vocês transmitem seus sons sagrados para a estrutura cristalina, a ativação começa. A estrutura cristalina reconhece sua frequência única no som e uma luz começa a nascer e se abrir dentro dela. A luz imediatamente começa a transmitir um pulso de frequência elétrica luminosa, o que resulta em uma reabertura do centro telepático no cérebro que, para a maior parte dos seres humanos, ainda não foi usado nesta vida.

A abertura do centro telepático no cérebro lhes dá acesso a uma comunicação e comunhão mais claras com os reinos espirituais. Toda a comunicação no Universo se dá por meio do sistema telepático. Então vocês começam a se realinhar naturalmente com a rede da Consciência Universal, reocupando seu lugar nessa arena espiritual e voltando ao aspecto espiritual natural.

A comunicação telepática vai permitir que vocês trabalhem dentro das novas alianças energéticas para apoiá-los em sua vida diária na Terra, porque sua capacidade de se comunicar telepaticamente vai ajudá-los a construir relacionamentos espirituais. Vai levá-los a encontrar um lugar na comunidade energética da Consciência Universal. Por meio do uso de sua comunicação telepática, vocês começarão a se realinhar naturalmente com esses Princípios de Vida. Isso vai mudar sua posição energética dentro das energias coletivas do Universo porque, à medida que vocês despertarem por meio desses princípios, vão se alinhar com todo o restante do Universo.

Poderão se conectar e receber a ajuda que precisam para se guiar nesse período de mudanças e para completar suas matrizes de missão. Vocês não podem completar seus projetos sozinhos. Então, sua capacidade de se comunicar telepaticamente vai abri-los para a comunidade energética no Universo.

A abertura da capacidade de comunicação telepática com os reinos espirituais vai ajudá-los a ativar e completar seus pré-acordos. Vocês têm pré-acordos para ajudá-los, especificamente o acordo de receber informações para compreender seu próprio processo aqui na Terra e saber como cumprir seu destino e seu Plano Divino. Essas informações e esse apoio também vão ajudar a curar a separação interna, colocando-os de volta no fluxo natural com a natureza espiritual do Self. Por meio da bênção natural da telepatia, vocês podem receber uma compreensão mais profunda da verdade que existe no Universo.

Uma parte importante desse processo consiste em se unir conscientemente a todas as coisas da natureza. Há uma grande sabedoria e uma cura imensa contidas nas energias poderosas e sagradas da mãe Terra e de seus elementos. O centro telepático permite que vocês entrem em comunhão com as forças da Natureza, adquirindo outro nível de Verdades simples que os levarão de volta a um centro interior. É hora de voltar para casa, e parte de seu retorno é a comunhão com os elementos da Terra.

A estrutura cristalina também ativa a glândula pineal, o tálamo e o hipotálamo. Essa ativação cria uma abertura na área sensorial do cérebro, permitindo que vocês recebam, processem e retenham informações. Faz com que vocês reconheçam a verdade e ajam de acordo com ela nas situações do cotidiano.

Por exemplo, no passado, vocês podem ter ouvido ou reconhecido uma verdade que ressoa durante sua vida. Vocês dirão para si mesmos "Isso é tão importante!". Naquele momento, "caiu a ficha". Mas ainda assim pode ocorrer de, em um dia, as pessoas se esquecerem daquela importante verdade. Com essa ativação, uma integração natural interior acontecerá e vocês não conseguirão se esquecer de verdade alguma. O momento em que "a ficha caiu" ficará em sua Atenção Consciente e continuará a nascer através de vocês em níveis multidimensionais.

A Tireoide

A estrutura cristalina na tireoide contém qualidades especiais que se abrem para o que os Pleiadianos chamam de seu "fator divino". Sua tireoide passará por uma enorme mudança em seu funcionamento. Na realidade, todos os problemas de tireoide se devem ao fato de ela estar mudando por meio do ancoramento de sua estrutura cristalina.

O novo papel da tireoide é manter e transmitir seu fator divino. À medida que vocês ativam sua estrutura cristalina, uma transmissão do elemento divino flui dessa estrutura. Ele entra no espaço do coração, fundindo sua energia com os elementos do coração sagrado. O fator divino que contém sua frequência única começa a fluir para a Consciência Universal, onde vocês são recebidos e reconhecidos por meio da frequência de energia sagrada.

À medida que a frequência de vocês entra no Universo, o lugar que lhes cabe na Consciência Universal responde e se abre. Isso forja um realinhamento entre vocês e seu lugar energético no Universo. Esse é um sistema de apoio ancorado para seu processo de renascimento, que reabre portas para que vocês voltem para casa uma vez mais no nível da consciência. Os Princípios de Vida ativam um processo de alinhamento através de vocês à medida que sua frequência sagrada começa a se abrir por meio de seu fator divino.

Nota: a ativação da estrutura cristalina dá à luz um elemento de sua energia divina. Esse aspecto divino pulsa por meio das células de seu corpo e as rejuvenesce. Cada célula se alinha à energia de sua essência divina para a autocura de todos os órgãos e todas as células. Vocês estão sendo projetados para viver muito mais nesta vida.

O Coração

À medida que vocês conscientemente decidem ativar sua estrutura cristalina no coração, nasce uma energia elétrica em suas células físicas. Essa energia elétrica abre um novo nível dimensional no coração de vocês, tornando possível o nascimento de um aspecto expandido de seu Self divino. A capacidade do coração de conter uma frequência de luz mais elevada abre uma linha direta com sua intuição divina. Seu coração vai começar a canalizar naturalmente essa essência de luz do Self, que passa por meio dele e chega ao mundo. Ajuda-os a ter uma conexão cardíaca mais forte com as energias espirituais, com as quais vocês fizeram pré-acordos de trabalho.

Seu Coração Sagrado pode assumir um papel mais amplo, pois usa os novos impulsos elétricos de dentro do espaço cristalino. Saiba que sua estrutura cristalina tem uma capacidade ilimitada de conter frequências expandidas de luz e se integrar facilmente aos alinhamentos de seu Self sagrado, ancorando-os nas células do coração. Seu coração começa um processo de ressurreição com a ativação da estrutura cristalina. Ele contém uma nova fluidez dentro do pulso elétrico das células. Isso faz com que seja possível que vocês canalizem uma frequência mais elevada de amor por meio do coração e em cada célula do corpo, ativando um processo de autocura.

Seu coração ganha assim um novo papel como "estação receptora natural", parecida com uma antena parabólica, permitindo que vocês atraiam para si tudo de que precisam. Seu coração sagrado se situa naturalmente onde nasce o desejo do coração e onde vocês podem manifestar o que precisam nesta vida.

Ele também pode direcionar seu pulso de luz para fora, o que conduz a frequência única de cada um de vocês até a Consciência Universal. À medida que ele atravessa o plano terrestre, atrai outras conexões anímicas que vocês estão prontos a experienciar.

Cada célula começa a pulsar no que os Pleiadianos chamam de seu "batimento de luz". A Consciência Universal, aquela Consciência Coletiva, reconhece suas marcas únicas e começa a enviar tudo de que vocês precisam para cumprir suas missões. Isso os ajuda a receber sua abundância, parte de seu direito natural que deve ser ativado nesta vida.

Essa nova "fiação" elétrica em seu organismo faz com que a energia do Novo Alvorecer nasça através de cada célula. Imaginem um sol nascendo por meio de cada célula do corpo e raios de luz brilhando em cada uma delas, expandindo-as em energia multidimensional, para que com elas vocês possam abrigar esse belo aspecto de si mesmos.

A Coluna Vertebral

A mais poderosa de todas as estruturas cristalinas em seu corpo foi ancorada na coluna vertebral e abrigada dentro do líquido espinhal*. O líquido espinhal sempre foi portador de um elemento sagrado, um conteúdo divino, que tem uma frequência de luz pura. A constituição da estrutura cristalina na coluna vertebral tem uma qualidade e um propósito diferentes dos de outras áreas do corpo. Ela contém os níveis mais elevados de nossas energias para o despertar sagrado, e também elementos de sua capacidade de manifestação e autocura.

As energias transmissoras dessa estrutura cristalina trabalham dentro do sistema nervoso e ativam o processo de memória. Essa energia trabalha dentro de um alinhamento de quinta/sexta/sétima/oitava dimensão. A ativação dessa energia realinha vocês a uma compreensão sagrada dos conhecimentos e da verdade.

A ativação da estrutura cristalina na coluna vertebral transforma o sistema nervoso para que vocês possam lidar com a energia elétrica de voltagem alta que carregarão com a ativação da estrutu-

* Em inglês, *spinal fluid*. Também chamado de liquor, líquido cerebrospinal ou líquido cefalorraquidiano. (N. da E.)

ra cristalina nos outros centros. Isso os equilibra e os abre para a energia que as pessoas chamam de *kundalini*, a qual se transforma com a estrutura cristalina. Essa estrutura cristalina opera diretamente por meio da chamada "Divindade" e abre um realinhamento com a ordem mais elevada de sua luz. Quando estão prontos, ela os reúne com suas conexões sagradas.

Depois de ativadas, essas energias na coluna vertebral funcionam em alinhamento direto com a estrutura cristalina do coração. *É necessária uma série de ativações de nível dimensional no coração antes da ativação inicial de sua estrutura cristalina da coluna vertebral.* É importante entender que vocês não terão sucesso na ativação de sua estrutura cristalina da coluna vertebral até que tenham completado certos níveis de ativação dimensional na estrutura cristalina do coração.

As energias da Terra cumprem um papel importante porque, uma vez que sua estrutura cristalina for ativada, elas poderão se comunicar com vocês e através de vocês, e vocês terão a capacidade de conter tanto elementos da Terra quanto do céu em sua forma física. Isso vai ajudá-los a serem canais naturais não somente com os reinos espirituais, mas também com os elementos sagrados da natureza. A estrutura cristalina na coluna vertebral contém uma qualidade diferente porque permite que vocês canalizem os aspectos puros das forças da Natureza. As forças da Natureza que vocês precisam agora vão ajudá-los em um desdobramento e em uma integração contínuos dessa energia elétrica, agindo como um ponto de equilíbrio. Assim como sua energia elétrica e a energia de equilíbrio da Terra, vocês vão começar a se alinhar automaticamente com todas as linhas de circuito energéticas que se abrem em seu plano terrestre. Vocês se tornarão partes do fluxo natural da energia da Terra ao longo desse período de transição. Os Pleiadianos precisam que muitos de vocês sejam conduítes naturais para algumas dessas linhas de circuito do plano terrestre, especialmente à medida que vocês derem à luz essas novas energias dimensionais dentro de vocês.

Ativação da Estrutura Cristalina da Tireoide

Arquivo de Áudio:
Capítulo 3
Arquivo de Áudio nº 1
Som Sagrado: ANAE SHEAN

** - Ativação da estrutura cristalina no ponto de acesso da tireoide*

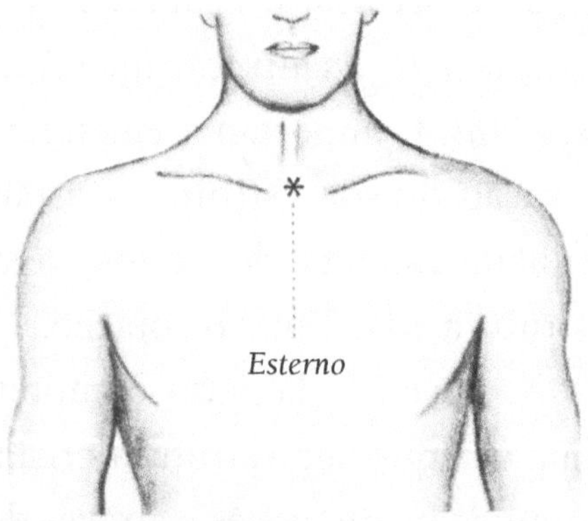

Diagrama A

Essa posição é chamada de Ponto de Acesso Divino, ou PAD [DAP, em inglês]. Essa é a área do corpo onde a luz do Self pode entrar mais prontamente no organismo físico. É a área macia na base da garganta, logo acima do esterno. Vocês vão simplesmente tocar esse ponto com os dedos indicador e médio, sem pressão. Podem usar qualquer uma das mãos. O Diagrama A mostra a posição correta do PAD para essa ativação. Ao trazer sua atenção consciente para essa posição, uma passagem, ou portal, se abre. Atravessem o portal e usem a respiração consciente, o que lhes levará à estrutura cristalina.

1. Comecem tocando o PAD com os dedos indicador e médio, levemente. Levem sua Atenção Consciente ao portal onde seus dedos estão tocando o PAD. Façam uma respiração consciente. Soltem.

2. À medida que direcionam sua Atenção Consciente para lá, a passagem se abre. Vocês podem ver, intuir ou sentir que o portal está se abrindo. Situem sua Atenção Consciente no local em que estão tocando e façam uma respiração consciente.
3. Permitam-se passar pelo portal. Deixem-se levar através da abertura, chegando até a estrutura cristalina dentro da tireoide. Façam uma respiração consciente e soltem.
4. Abram sua Atenção Consciente para o espaço. Levem sua Atenção Consciente a tocar a estrutura cristalina nesse espaço. Usem sua Respiração Consciente na estrutura cristalina. Permitam a experiência, soltando-se no espaço da estrutura cristalina.
5. Permita que ocorra uma passagem, um aprofundamento dessa passagem dentro da estrutura cristalina em sua tireoide. Agora você começa a ativar seu alinhamento com seu fator divino.
6. Permitam a experiência. Deixem sua Atenção Consciente se abrir e tocar o local em que a energia está começando a pulsar, se formar ou se mover ao seu redor. Concentrem sua Respiração Consciente na forma cristalina. Permitam o nascimento desse aspecto divino de si mesmos.
7. Permitam a conexão. Vocês podem ver, intuir ou sentir a energia pulsando desde a estrutura cristalina até as células de seu corpo. Soltem e abram-se para a essência de seu Self, que está nascendo por meio dessa interação na estrutura cristalina.
8. Levem o som sagrado ANAE SHEAN à estrutura cristalina. Levem sua frequência única do som para a estrutura cristalina. Respirem e soltem. Sua energia cristalina vai respon-

der ao som, fazendo nascer outro nível de seu fator divino. Entreguem-se à sua experiência.

9. Levem seu som diretamente ao centro da energia cristalina, sentindo-o e tornando-se esse som. Sintam, vejam ou intuam como sua estrutura cristalina está respondendo à frequência única de seu som.
10. Deixem-se passar pela abertura da estrutura cristalina enquanto continuam criando o som sagrado ANAE SHEAN. Abram-se e permitam que outro nível de seu som entre na estrutura cristalina. Respirem e soltem.
11. Levem toda a sua Atenção Consciente para a forma cristalina que está nascendo a partir do seu som sagrado. Façam uma respiração consciente e soltem-se no portal. Respirem e permitam-se abrir na luz. Sintam a essência de seu fator divino na estrutura cristalina fluindo para as células de seu corpo.
12. Levem sua Atenção Consciente para um nível mais profundo do espaço. Usem sua Respiração Consciente como uma brisa calma em sua estrutura cristalina e entre em outro nível desse portal dimensional dentro da própria estrutura. Respirem e soltem. Respirem suavemente no espaço, sentindo a essência da luz que está nascendo de seu fator divino na estrutura cristalina. Permitam a experiência.
13. Então, bem devagar, voltem para onde seus dedos estão tocando o PAD, na base da garganta. Vocês vão sentir que estão voltando para seu corpo físico depois de uma longa viagem, por meio das energias multidimensionais. Levem todo o tempo que for preciso para integrarem plenamente esse nível de seu fator divino, essa essência de vocês mesmos por intermédio das células do seu corpo.

Saibam que vocês vão começar um novo caminho de ativação do seu fator divino por meio dessa ativação de sua estrutura cristalina. Simplesmente solte e permitam que seu Self *Seja*. Saibam que as energias lemurianas podem apoiá-los em seu processo de ativação. Conclamem-nas para junto de vocês e deixem que elas façam ajustes em seu organismo. Lembrem-se: elas não podem entrar em seu espaço energético sem sua permissão.

Ativação da Estrutura Cristalina do Coração

Arquivo de Áudio: Capítulo 3
Arquivo de Áudio nº 2
Som Sagrado: KEE NAH AHH SAE

1. Comecem levando as palmas das mãos ao peito. A área do coração compreende toda a área do peito entre os ombros. Levem sua Atenção Consciente para as palmas, conectando-se a essa área, e façam uma Respiração Consciente. Sintam o calor de suas mãos à medida que entram totalmente no espaço do coração.
2. Levem sua Atenção Consciente para dentro do coração e abram-se para sentir a estrutura cristalina no espaço do coração. Lembrem-se: o espaço do coração pode até estar além do corpo físico, então sua estrutura cristalina pode dar a impressão de ser muito grande. Não a procurem necessariamente dentro do espaço físico do coração; vocês podem intuí-la ou senti-la passando pelo espaço do coração e se expandindo. Respirem e soltem.
3. Concentrem a Atenção Consciente e façam uma Respiração Consciente. Pela Escolha Consciente, vocês estão se

abrindo para a conexão com a energia ou intuição de sua estrutura cristalina do coração. Respirem e soltem.

4. Permitam que sua Atenção Consciente toque a estrutura cristalina e respirem. Expandam, soltem. Deixem que a energia simplesmente se desdobre. Permitam a expressão da estrutura cristalina dentro do coração. Façam uma respiração e levem sua Atenção Consciente a tocar outro aspecto de sua estrutura cristalina.
5. Agora vocês estão prontos para ativar a estrutura cristalina do coração. Usem o som sagrado KEE NAH AHH SAE. Conduzam sua frequência única de som para dentro do centro do coração. Toquem sua estrutura cristalina com a Atenção Consciente e soltem. O soltar permite que vocês possam ir mais fundo na forma cristalina e no coração. Soltem e permitam a experiência.
6. Façam uma Respiração Consciente e soltem-se no espaço. Permitam-se seguir a essência da estrutura cristalina de seu coração. Desloquem-se pelo espaço, tocando os pontos em que sentem sua Atenção Consciente. Vocês podem intuir a energia pulsante por meio da estrutura cristalina, como um "batimento de luz" que começa a reverberar por meio dela, enviando esses pulsos energéticos de sua marca única para o Universo. Toquem essa energia com sua Atenção Consciente.
7. Levem sua Atenção Consciente ao centro da estrutura cristalina. Toquem-na com ela e levem o som sagrado KEE NAH AHH SAE até o espaço central. Levem pelo menos três sons até esse espaço central.
8. Levem sua Atenção Consciente ao portal criado pelo som. Simplesmente toquem essa abertura e façam uma Respi-

ração Consciente. Um véu se levantará. Quando sentirem que estão prontos, levem mais três sons sagrados, KEE NAH AHH SAE, até o portal. Permitam-se passar abertura desse espaço que o levem mais fundo na estrutura cristalina do coração.

9. Deixem sua Atenção Consciente se abrir para essa tecedura dimensional que é cristalina na estrutura. Permitam-se fazer parte dessa tecedura, usando a Respiração Consciente. Soltem. Levem o som sagrado KEE NAH AHH SAE até a tecedura, para se expandir e se alinhar a essa tecedura dimensional. Permitam a experiência.
10. Levem as palmas das mãos de volta ao peito. Conduzam toda a sua Atenção Consciente para o coração. Sintam-se no próprio centro dessa tecedura cristalina dentro do imenso espaço de seu coração. Deixem-se abrir para todo o elemento dessa tecedura cristalina. Façam tudo o que precisarem nesse momento, com o que quer que esteja à sua frente. Respirem e soltem. Permitam-se integrar totalmente. Soltem.

Quando vocês ativarem sua estrutura cristalina do coração, saibam que poderão se sentir vulneráveis enquanto fazem nascer e ancoram um novo aspecto de luz no coração. Não se esqueçam de reivindicar seu coração e a beleza deste. Parem um pouco para acalentar seu coração fisicamente durante o dia posterior à ativação cristalina e usem sua Respiração Consciente. Esse passo consciente que vocês estão dando é muito importante.

Amados,

Há muitas chaves que cada um de vocês pode utilizar neste momento de seu despertar. Tudo se resume a vocês encontrarem sua própria cha-

ve única que está em seu Self, que abrirá um caminho pelo qual vocês possam passar.

Suas chaves individuais podem ser encontradas por meio de sua estrutura cristalina, que está nascendo atualmente por intermédio de vocês. Cada um de vocês tem um aspecto único em sua estrutura cristalina. Esta permite que vocês avancem para um novo alinhamento desperto com os reinos espirituais e com toda a família de luz.

Saibam que vocês são parte da família de luz e que hoje se pede que vocês se abram e ocupem o lugar que lhes cabe dentro da "família de luz". É o momento de vocês serem, nascerem e comemorarem tudo o que são. Nunca houve um tempo como o presente para esse processo de ressurreição, "nascer para o Ser".

Todas essas chaves podem ser reveladas em seu Self; suas respostas se encontram ali. Não se distraiam com a ilusão tridimensional, entrem no Self e se disponham a perguntar "O que preciso agora para dar os meus próximos passos?".

À medida que vocês enxergarem com clareza quais são suas necessidades, disponham-se a dar o primeiro passo. Esse primeiro passo é pedir o nosso apoio, o apoio dos Pleiadianos e dos reinos espirituais. Para muitos de vocês, a dificuldade está em pedir. É como se vocês não conseguissem acreditar que o apoio é possível, quase como se não acreditassem que merecem ajuda!

Parte do seu processo de renascimento é pedir ajuda. Isso faz parte de sua retomada de poder. Esse apoio é um direito natural de vocês. É parte da passagem natural por meio de seu autodespertar/de sua autodescoberta. Vejam só, nunca se imaginou que vocês fariam isso sozinhos. Vocês fizeram pré-acordos para receber apoio neste período mais significativo de seu desenvolvimento.

Vocês recebem apoio para que deem o próximo passo. Há muito amor e consideração por tudo o que vocês estão fazendo no plano terrestre neste momento.

Avancem — deem o próximo passo!
Bênçãos,
Os Pleiadianos.

4
Ativando Sua Comunicação e Comunhão Telepáticas

Agora vocês estão prontos para começar a ativação da estrutura cristalina do cérebro. Quero lembrá-los da importância do passo que vocês vão dar.

A estrutura cristalina do cérebro também reativa a glândula pineal, o tálamo e o hipotálamo. Essa ativação cria um portal na área sensorial do cérebro, permitindo que vocês recebam, processem e retenham informações. Permite que vocês reconheçam a verdade e ajam de acordo com ela nas situações do dia a dia. Esse próximo passo os reconecta com a capacidade de trabalhar com a comunicação e a comunhão telepáticas. Os reconduz a um lugar de fortalecimento do poder pessoal para completarem suas energias de pré-acordos, pois vocês serão capazes de se comunicar mais diretamente com suas alianças energéticas e com todas as energias de força vital na Consciência Universal. Esse passo os leva de volta para o lugar que lhes cabe e lhes permite desempenhar seu papel na Consciência Coletiva. Vocês completam um aspecto de sua missão com essa ativação.

Além de ativar uma lembrança, o despertar de seu centro telepático os leva também a vislumbrar aspectos de seus dons naturais. Permite que vocês aceitem seu lugar na Consciência Universal, porque vocês aprendem a se comunicar e participar do Universo. Permitirá, ainda, que vocês trabalhem através da teia com todas as forças vitais dentro do Universo. Suas capacidades recém-descobertas vão levá-los a experienciar um aspecto de seu Self mágico, que funciona naturalmente dentro dos reinos de quarta/quinta dimensão.

Quero compartilhar uma experiência que tive e que pode ajudá-los em seu próximo passo. Pouco tempo atrás, experienciei minha primeira conexão com os Lemurianos. Até aquele momento, eu trabalhava principalmente com os Pleiadianos, com a Mãe Maria, com Jesus e com Sai Baba. Tive um despertar profundo e poderoso que abriu o aspecto lemuriano do meu Self. Uma estrutura cristalina nasceu através de todas as células do meu corpo. Isso criou uma consciência do caminho sagrado que os Lemurianos estão abrindo para todos nós seres humanos nesse período. Mostrou-me um aspecto do "Plano Maior" e do papel dos Lemurianos conosco neste princípio de nosso despertar, por meio da ativação das nossas próprias estruturas cristalinas individuais. Fiquei impressionada com o profundo espaço dimensional de onde eles emergiam e com a suave energia de amor à medida que eles me envolviam durante meu profundo processo de nascimento. Fui reunida com meu pré-acordo de trabalhar com os Lemurianos. Naquele momento, um novo caminho dourado se abriu diante de mim. Esse caminho me mostrou minha nova direção e me ligou ao meu fluxo cristalino dimensional que, agora sei, permitiu que uma transmutação e uma transformação acontecessem. Esse elo cristalino me levou de volta a compreensões profundas e a uma clareza de propósito que possibilitaram que eu entrasse em um lugar de ser, pondo fim a aspectos de separação em meu aspecto humano. Também fui conectada com uma compreensão e uma verdade de reunião e realinhamento com o Lar, e não tenho palavras para descrever essa experiência.

Os Lemurianos estão aqui neste momento para ajudar a todos que estão dispostos a se abrir e conclamá-los. Tanto os Pleiadianos quanto os Lemurianos mantiveram aberta uma plataforma de energia para que eu pudesse ver o plano completo para cada um de nós aqui no plano terrestre, e eles compartilharam comigo o papel que eu teria nesse momento dentro desse plano maior.

Uma aliança energética está sendo ativada agora entre os Pleiadianos e os Lemurianos. A sinergia da aliança é pura luz e é muito poderosa. Essa aliança permite que cada um de nós passe por um processo de nascimento acompanhado dentro de nossa estrutura cristalina no centro telepático do cérebro. Esse apoio é essencial para que vocês obtenham totalmente essa ativação, porque existem muitos níveis multidimensionais a serem ativados. Eles vão ajudá-los a se integrar e se ajustar a novos componentes elétricos através de seu corpo, provenientes dessas ativações. Nunca se pretendeu que vocês completassem esse plano maior sozinhos.

Mesmo havendo um pré-acordo com as energias lemurianas, ele só pode ser ativado com sua permissão consciente. Vocês têm livre-arbítrio como seres humanos, livre-arbítrio esse que sempre foi respeitado. Seus pré-acordos podem ser ativados de modo muito simples: conectando-se ao seu coração, conclamando os Lemurianos e reconhecendo que foi feito um pré-acordo entre vocês.

A Ativação do Centro Telepático

A ativação do centro telepático vai permitir que vocês estabeleçam uma comunicação única com todos os grupos de força vital no Universo. Parte de sua missão consiste em estabelecer um relacionamento de trabalho com esses diferentes grupos e assumir completamente seu papel nesse período do Novo Alvorecer. Os seres humanos são um dos muitos grupos de força vital no Universo, e o único grupo que ainda opera no estado tridimensional.

Há uma série de grupos extraterrestres aos quais os Pleiadianos e os Sirianos pertencem. Dentro dos reinos espirituais existem muitos grupos: os Anjos, os Seres de luz, os Mestres, as Forças da Natureza no plano terrestre que operam fora da terceira dimensão, o reino mineral, o reino vegetal e o reino animal. Esses são somente alguns dos grupos de força vital que compõem a Consciência Universal. Toda força vital no Universo integra algum grupo de força vital.

Vocês poderão se comunicar com esses grupos por intermédio das reconexões sagradas da ativação de seu centro telepático. Seu processo de renascimento vai começar como um esforço coletivo entre vocês, para ativar sua própria estrutura cristalina no centro telepático; os Pleiadianos lhes darão as ferramentas sagradas e os Lemurianos os ajudarão, ajustando sua estrutura cristalina.

Nesse período do Novo Alvorecer, vocês estão retornando a um ponto de poder pessoal. Vocês escolhem o momento de ativar sua estrutura cristalina. Vamos falar sobre como a estrutura cristalina os realinha com sua capacidade natural de comunicação telepática e como ela os leva a se lembrar dessa capacidade. Cada vez que vocês escolhem conscientemente abrir seu centro telepático, há uma abertura acelerada em sua estrutura cristalina, o que torna possível que outro nível de sua luz nasça por intermédio das células de seu corpo. Isso os leva a outro aspecto dimensional, para que vocês possam se realinhar gradativamente com sua experiência divina.

Existem dois centros telepáticos no cérebro:

1. **Comunicação Telepática:** Se vocês querem enviar uma mensagem, ela será recebida em sua forma plena sem nenhum mal-entendido.
2. **Comunhão Telepática:** Esta abre as portas para uma frequência de amor da Unidade à medida que vocês se alinham, compartilhando perfeitamente um momento com um propósito comum. É a troca de experiências na forma mais pura.

Todos os grupos de força vital no Universo se comunicam por meio da comunicação telepática, com a exceção dos seres humanos na Terra. Como dissemos antes, os seres humanos formam o único grupo de força vital que ainda opera na ilusão tridimensional. O espaço tridimensional envolve toda a mente do ego, e a comunhão telepática não pode operar por intermédio do ego. Muitos de vocês estão indo além da ilusão tridimensional e passando algum tempo nos reinos de quarta/quinta dimensão, voltando então para a experiência tridimensional humana quando precisam estar ali.

É importante contornar a mente do ego e abrir-se para o Self da quarta/quinta dimensão para trabalhar com a comunicação telepática. Vocês podem fazer isso simplesmente levando sua Atenção Consciente para o centro do coração. Usem a Respiração Consciente. À medida que vocês fazem isso, sua energia vai da mente do ego para o coração. Lembrem-se de que a conexão com o Self se dá por intermédio do coração. Saibam que vocês não têm de contornar a mente do ego o tempo todo. Simplesmente precisam trabalhar por intermédio do centro de seu coração à medida que trabalham com seu centro de comunicação telepática.

Saibam que a comunicação telepática é uma parte natural de vocês, e a ativação de seu centro de comunicação telepática os faz retornar aos seus estados naturais. Quanto mais vocês utilizam seu centro de comunicação telepática, mais ancorados e expandidos estarão nesse estado.

A comunicação telepática usa a transferência de pensamento. A transferência de pensamento pode passar um conceito completo, com todos os detalhes informativos, do centro telepático de um ser para o centro telepático de outro ser. Essa capacidade permite uma clareza tão completa e pura na comunicação que não há absolutamente nenhuma possibilidade de confusão. Muitos de vocês, que canalizam informações, têm experiência em receber informações por meio desse formato.

Essa impressão telepática vem de uma forma multidimensional, com muitos aspectos de energias entrelaçados na transmissão, que podem conter amor, carinho e apoio. Essa transmissão telepática pode ser comparada a uma forma multicolorida e multidimensional, dotada de precisão perfeita.

Os Pleiadianos vão lhes mostrar uma série de passos para que vocês sejam capazes de começar a ativar sua estrutura cristalina. Eles têm um conjunto de ferramentas para essa reativação:

Som Sagrado

O som sagrado é algo que vocês vão falar. Vão introduzir o som em sua estrutura cristalina. Cada um de vocês tem uma assinatura única nesse som sagrado. Sua estrutura cristalina reconhece essa assinatura única e responde à sua frequência de som sagrado, criando uma ativação de brilho em sua estrutura cristalina.

Código de Pensamento

Vocês inserem o código de pensamento na estrutura cristalina com sua consciência e ela passa a conter uma frequência de vibração maior do que o som em si. É um código de pensamento telepático que vocês devem inserir, não falar, e isso abrirá sua comunhão telepática, ativando uma alta frequência da essência de Deus, da pura força de amor que permite que vocês comunguem com a energia da Consciência Coletiva de Deus.

Mudras das Mãos

Estas são posturas físicas das mãos. À medida que vocês concentram sua Atenção Consciente na posição das mãos, ela ativa um caminho dimensional para alinhá-los com seu centro telepático.

Formas Codificadas

Essas Formas Codificadas são de natureza pura e foram criadas pelos Pleiadianos para apoiá-los em seu renascimento e na expansão de seu centro telepático, assim como na ativação de outros níveis de estrutura cristalina em seu centro telepático, para acelerar as capacidades de comunicação expandida.

As Formas Codificadas foram desenhadas para apoiar todo o sistema de suas células, criando uma integração da nova energia elétrica que está nascendo em todo o seu organismo à medida que vocês usam seu centro telepático. Elas também ativam elementos de seu aspecto divino para ancorá-los nas células, acelerando seu processo de despertar.

Seis Formas Codificadas

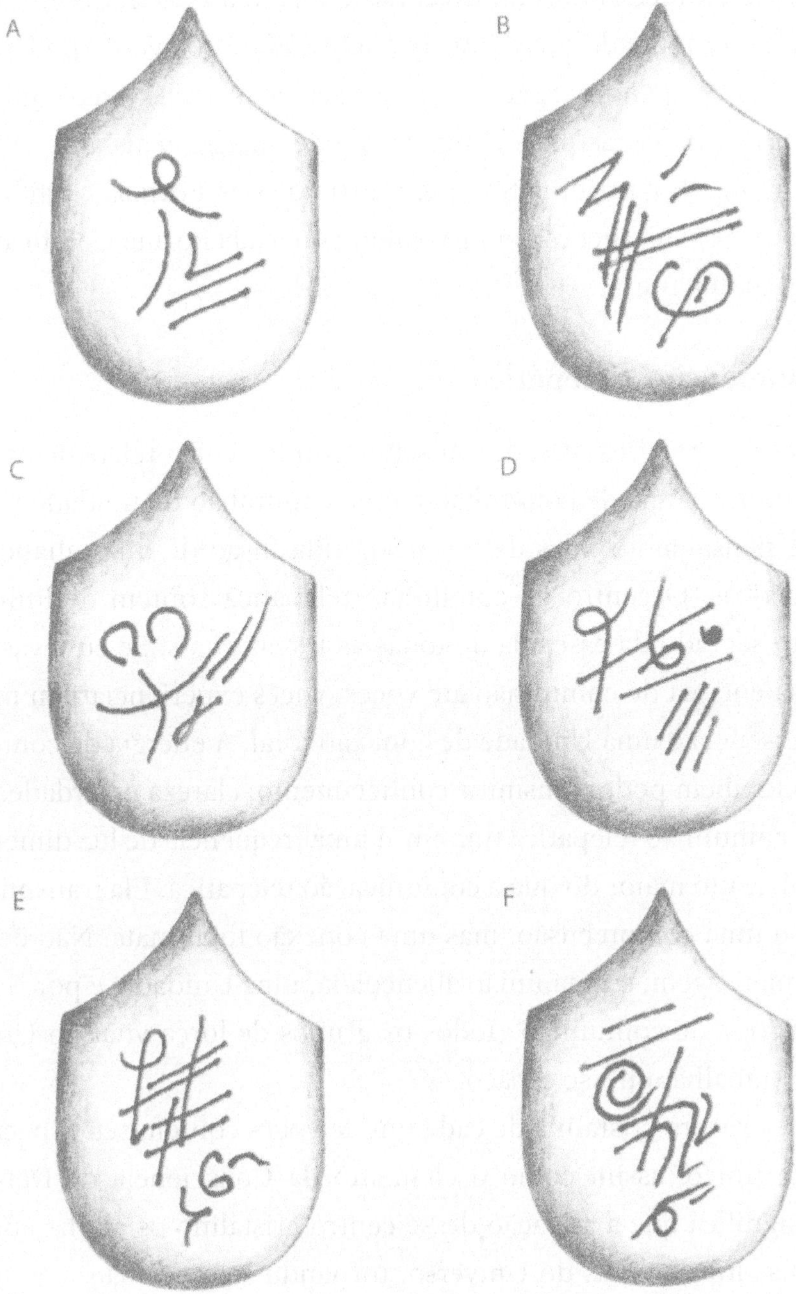

Diagrama B

Vocês receberão uma série de Formas Codificadas com as quais trabalhar, começando num nível básico, com a Forma Codificada nº 1, e continuando até a Forma Codificada nº 6. Vocês poderão construir e expandir vagarosamente o seu centro telepático com as Formas Codificadas mais complexas e de energia mais alta. Olhe o Diagrama B na página 83, que mostra as seis Formas Codificadas, e siga as instruções para trabalhar com cada Forma Codificada individualmente.

Comunicação Telepática

A energia cristalina ativada em seu segundo centro telepático ancora uma energia de comunhão e uma comunhão de unidade não só de pensamento, mas de essência; uma fusão de duas alianças energéticas. O centro de comunhão telepática contém o alinhamento sagrado da essência de todas as forças vitais. Se eu levasse minha energia de comunhão até vocês, vocês experienciariam minha essência e uma Unidade de conexão total. A energia de comunhão também pode transmitir conhecimento, clareza e Verdade.

A comunhão telepática traz em si uma frequência de luz dimensional muito maior do que a comunicação telepática. Ela transmite não só uma compreensão, mas uma conexão total inata. Não é só uma mensagem; é uma união abençoada, uma Unidade, e por isso é chamada de comunhão. Todos os grupos de força vital no Universo trabalham nesse espaço.

A estrutura cristalina de cada um de vocês contém seu aspecto divino único, assim como o elemento da Consciência de Deus. Isso significa que a ativação desse centro cristalino os alinha com todas as forças vitais do Universo, tornando a comunhão sagrada possível.

É importante entender que, neste período, a maior parte dos seres humanos tem uma capacidade limitada de ter uma experiência completa de comunhão telepática. Vocês têm a tendência de se manterem separados de muitas maneiras, porque não confiam uns nos outros de coração. De fato, tinham razões para se manterem separados enquanto seres humanos, com muitas experiências no decorrer das vidas que lhes ensinaram que não é seguro abrir totalmente seus corações. Isso faz parte de experiência humana no plano tridimensional. Vai levar algum tempo até que muitos de vocês estejam prontos para ir além desse estado de separação. A ativação de sua estrutura cristalina vai ajudá-los a construir esse caminho de retorno uns para os outros, para que vocês possam viver na era do Novo Alvorecer em um estado de consciência muito diferente.

Vocês já devem conhecer alguns seres humanos com quem são mais abertos e vulneráveis. Vão se descobrir capazes de se alinhar telepaticamente com as pessoas com quem fizeram pré-acordos, mas por causa do ego humano nem sempre vão se conectar telepaticamente. De um modo ideal, chegará um momento em que esse caminho ficará aberto, e vocês poderão encontrar uma união sagrada estável uns com os outros.

O Arquivo de Áudio nº 3 vai ajudá-los a viajar telepaticamente com um grupo de força vital escolhido no Universo. Escolha uma de suas alianças de pré-acordos para trabalhar em conjunto, ou uma essência com quem vocês tenham trabalhado antes em outros níveis, para que se sintam à vontade para se abrir para uma comunhão telepática sagrada.

Os Pleiadianos e os Lemurianos nos pedem que trabalhemos inicialmente com uma experiência de comunhão telepática. Isso significa que vocês precisam soltar e se abrir para uma comunhão sagrada. Isso significa escolher uma aliança de energia em que vocês possam confiar. Vocês sempre têm a escolha de se abrir à comunhão sagrada ou somente à comunicação telepática, que não inclui a experiência de Unidade. Lembrem-se: esse é um começo, e cada passo que vocês derem será importante. Vocês escolhem o que estão prontos para fazer agora, sabendo que honram ao seu próprio Self com cada passo.

Grandes coisas podem ser alcançadas por meio da Consciência Coletiva. Quando me refiro à "Consciência Coletiva", incluo todas as forças vitais do Universo. Vocês fazem parte desse plano maior e podem contribuir com a Consciência Coletiva usando sua essência sagrada. O Universo vai se beneficiar de sua participação, cumprindo sua missão neste momento importante do planeta.

Cada um de vocês tem muito trabalho a fazer. É um trabalho poderoso e glorioso não só para seu Self individual, mas para o planeta. Cada momento em que vocês despertam causa um impacto em todos os seres humanos no planeta, por causa de sua conexão com Deus. Essa interconexão uns com os outros é uma parte de vocês.

Exercício nº 1: Ativando Seu Centro Telepático

Arquivo de Áudio: Capítulo 4
Arquivo de Áudio nº 1
Código de Pensamento: EE NAE
Som Sagrado: ANAE SHEAN

Nota: a Respiração Consciente se faz por meio da boca, inspirando-se e expirando-se profundamente pela boca, sem segurar a respiração.

Façam isso cerca de uma vez a cada minuto.

Lembrem-se: cada vez que vocês escolhem o soltar, avançam para outro nível de realinhamento.

1. Toquem o local do terceiro olho com o dedo indicador. Nota: vocês estarão no local do terceiro olho fisicamente, mas estarão entrando em uma abertura dimensional diferente por meio do terceiro olho.
2. Levem sua Atenção Consciente ao dedo indicador sobre o terceiro olho, sintam a passagem se abrindo e seu Self sendo atraído pelo portal. Usem sua Respiração Consciente e se soltem no portal. Vocês talvez se sintam como se uma espiral de energia os sugasse para dentro. Às vezes, parecerá que estão passando por um túnel. Simplesmente deixem que a experiência aconteça — respirem e soltem. Cada vez que fazem uma Respiração Consciente e soltam, vocês vão mais fundo nesse portal dimensional.
3. Sintam que estão chegando ao fim. Já não estão se deslocando pelo espaço, mas sim pelo ponto onde se localiza sua estrutura cristalina no centro do cérebro. Simplesmente alonguem-se e toquem o espaço com sua Atenção Consciente. Respirem nela e sintam como a energia responde ao toque de sua Atenção Consciente. Permitam a experiência. Nota: vocês podem ver, sentir ou intuir essa estrutura cristalina. Sua experiência pode ser sutil ou forte. Isso não importa e não afeta sua capacidade de ativar sua estrutura cristalina.
4. Insiram seu código de pensamento EE NAH na estrutura cristalina. É como se o colocassem, com sua consciência, dentro da estrutura. Sintam como a estrutura começa a responder ao código de pensamento. A estrutura pode come-

çar a acender, fluir e se expandir. Vocês talvez comecem a sentir uma expansão de energia, de calor, paz e felicidade. Sintam a experiência e soltem. Usem sua Respiração Consciente dentro da estrutura cristalina.

5. Insiram seu código de pensamento EE NAH mais duas vezes. Enviem o segundo código de pensamento e aguardem a plena expressão e integração da estrutura cristalina antes de enviar o terceiro código EE NAH.

Agora vocês começarão a usar seu som sagrado dentro da estrutura completa. Lembrem-se: a estrutura cristalina reconhecerá sua assinatura divina única em sua frequência de som, levando a estrutura a outro nível de renascimento.

Som sagrado: ANAE SHEAN

Usem o som sagrado tantas vezes quanto acharem necessário. Saibam que cada som sagrado expandirá ou transformará sua estrutura cristalina.

Nota: a ativação começa à medida que vocês transmitem seus sons sagrados para sua estrutura cristalina. Ela reconhece sua frequência única, e uma luz começa a nascer/se abrir em sua estrutura cristalina. A luz imediatamente começa a transmitir um pulso de frequência elétrica luminosa, o que resulta em uma reabertura do centro telepático do cérebro, que, para a maior parte dos seres humanos, não foi usado nesta vida.

Exercício nº 2: Alinhando Sua Postura de Mãos com Seu Centro Telepático

Arquivo de Áudio: Capítulo 4
Arquivo de Áudio nº 2

1. Vocês entrarão em seu centro telepático como fizeram com o Áudio nº 1.
2. Mantenham a mão direita para cima, com todos os dedos unidos, incluindo o polegar, e com a palma voltada para fora. Nota: vejam a postura da mão no Diagrama C, para referência.
3. Levem toda a sua Atenção Consciente do centro telepático para a mão. Sintam a passagem da energia, como num portal. Respirem no portal e soltem.

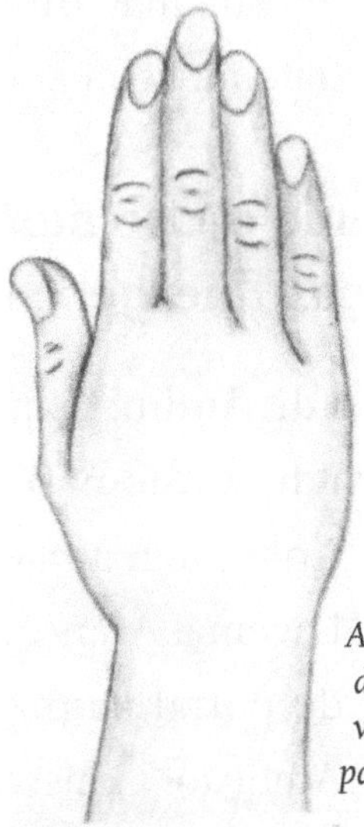

A palma da mão voltada para fora

Diagrama C

4. Enquanto o portal aberto pela postura da mão se expande, comecem vagarosamente a conduzir sua Atenção Consciente de volta ao seu centro telepático. Sintam que um caminho começa a ligar seu centro telepático à sua postura da mão. Ele pode ter a aparência de uma linha, uma ponte, uma trilha ou somente uma conexão energética. Continuem respirando e soltando; deixem que essa conexão se expanda e se expresse.
5. Levem a Atenção Consciente para a mão e sintam a abertura do portal dentro de sua postura da mão. Passem pelo portal com sua Atenção Consciente e sigam o caminho/

linha/ponte até seu centro telepático. Abram toda a sua Atenção Consciente para a energia de seu centro telepático, permitindo que seu Self se abra totalmente à energia de sua Respiração Consciente. Nota: agora vocês podem entrar em seu centro telepático por meio da passagem aberta em sua mão direita. Isso vai facilitar muito a conexão rápida com seu centro telepático.

Iniciando o Uso das Formas Codificadas para Fazer Alianças Energéticas

Arquivo de Áudio: Capítulo 4
Arquivo de Áudio nº 3

1. Coloquem a mão direita na postura adequada.
2. Levem a Atenção Consciente até a mão e sintam a abertura do portal na postura da mão. Passem pelo portal com sua Atenção Consciente e sigam o caminho/linha/ponte até seu centro telepático. Deixem que o Self abra toda a sua Atenção Consciente para a energia de seu centro telepático, permitindo que o Self e a Respiração Consciente se unam.
3. Abram-se à Forma Codificada A com toda a sua Atenção Consciente. Vocês sentirão que ela aos poucos é absorvida pelo centro telepático. Assim, a ponte fica na posição LIGA. Nota: essa posição significa que há uma ativação de sua estrutura cristalina. Soltem e permitam que seu renascimento aconteça. A energia dessa Forma Codificada está expandindo seu centro telepático e dando à luz outro nível de sua estrutura cristalina nas células de seu corpo. Permitam que o seu renascimento seja completo, respirando e

soltando; permitam que o realinhamento aconteça. Vocês têm seis Formas Codificadas com as quais devem se iniciar, e cada Forma Codificada é de natureza multidimensional. Isso significa que há uma quantidade ilimitada de iniciações a serem recebidas em cada fase, de cada Forma Codificada. As seis Formas Codificadas estão representadas no diagrama B na página 83. **Nota: não façam mais do que uma ativação de Forma Codificada por semana.**

4. Ativem seu caminho telepático levando sua consciência até sua postura de mão. Vocês acessarão seu centro telepático.
5. Expandam sua conexão telepática, levando sua consciência até sua postura de mão, e soltem. É quando vocês soltam que um alinhamento mais profundo ocorre em seu centro telepático.
6. Encontrem a Forma Codificada A, mostrada no diagrama D. Situem sua Atenção Consciente na Forma Codificada A dentro da caixa. Abram-se à Forma Codificada A com sua Atenção Consciente. Sintam-na sendo absorvida pelo seu centro telepático. Isso põe sua ponte na posição LIGA.

Diagrama D

7. Voltem a Forma Codificada A de seu centro telepático na direção da conexão desejada. À medida que a Forma Codificada A é recebida pela conexão desejada, as linhas telepáticas se abrem.
8. Sintam as linhas de energia se abrindo entre vocês e a energia desejada. Sintam seu Self sendo recebido. Abram-se a essa comunhão ou comunicação telepática.

9. Esse é seu centro telepático. Quando essa conexão telepática estiver completa, vocês a desligarão abaixando a mão direita.

Há três arquivos de áudio, com duração de 15 minutos, que lhes ajudarão a ativar esses centros e trabalhar com seu centro telepático. Vocês aprenderão a reativar e expandir sua capacidade de trabalhar com sua capacidade de comunicação e de comunhão telepáticas.

A ativação do centro telepático é um grande passo à frente. Lembrem-se dos sistemas de apoio disponibilizados para vocês pelas energias pleiadianas e lemurianas e por suas próprias alianças de pré-acordos. Saibam que minha energia está aqui para apoiá-los nesse poderoso processo de despertar.

Uma Mensagem Especial dos Pleiadianos

É por meio do centro telepático do cérebro que vocês se alinharão e usarão essas conexões com esses portais de luz. Uma série de caminhos elétricos pulsantes está nascendo em sua estrutura cristalina, criando uma nova abertura em seu corpo físico. Hoje vocês se abrirão para esses novos estados interiores. Eles são como portais em sua estrutura física que estão aguardando para nascer.

Bênçãos,
Os Pleiadianos.

Amados,

Este é o momento de dar outro passo em seu caminho. Ele envolve a disposição de ocupar de um modo novo o lugar que lhes cabe em seu mundo. É o momento de se disporem a expandir sua consciência; de manter todos os seres humanos em um fluxo contínuo de interconexão, por meio de sua consciência de Deus. Isso não quer dizer que vocês precisam aceitar as energias inferiores do ego de cada ser humano, mas sim se abrirem à consciência de Deus que existe em cada ser humano neste plano terrestre, por mais que ela pareça estar enterrada.

À medida que vocês fazem isso, uma teia sagrada começa a nascer pelo planeta, e essa teia Sagrada começa a girar, ajudando no despertar da Verdade em seu planeta. Isso é o amor em ação, que nasce por intermédio de vocês. Desse amor nasce essa conexão sagrada, que vocês ativam com sua escolha consciente.

A essência de Deus da "Unidade" existe, e vocês podem fazer a diferença ativando essa conexão conscientemente e mantendo a verdade dessa conexão em seu coração. Chegou a hora de seu próximo passo, que expandirá sua própria capacidade de SER.

Nós os apoiaremos em seu próximo passo adiante.

Bênçãos,
Os Pleiadianos.

5
Controlando a Energia das Forças da Natureza da Terra: Comunhão Sagrada com a Natureza

Os Pleiadianos foram responsáveis pela transmissão de todos os rituais, ensinamentos e conhecimentos xamânicos secretos para os nativos do plano terrestre, muitas vidas atrás. Quero compartilhar um pouco de minha iniciação no mundo xamânico, que aconteceu há muitos anos.

Por volta de um ano antes de vir para este país, uma índia americana me deu um cachimbo sagrado. Não percebi o que significava esse presente, então peguei o cachimbo pensando que poderia pendurá-lo na parede de minha casa. Quando vendi todas as minhas coisas antes de deixar a Austrália, ninguém queria o cachimbo. Por fim, uma amiga falou que ficaria com ele.

Quando ela veio me visitar uns oito meses depois, me perguntou se eu havia recebido o cachimbo pelo correio. Eu respondi que não, e ela pareceu preocupada, mas reafirmei que não fazia questão de tê-lo.

Três semanas depois, o cachimbo chegou pelo correio. Quando desembrulhei o pacote e segurei o cachimbo, fui imediatamente transportada para uma tenda sagrada. À minha frente estavam os anciãos da tenda sagrada. Esse local tinha uma energia muito diferente de qualquer outra que eu já experienciara. Era comparável a uma tempestade em meio ao Oceano. À medida que me aprofundava na experiência, um grande poder brotava em mim. Pediam-me que eu fizesse um voto com o cachimbo em meu coração.

O sentimento de responsabilidade envolvido nessa experiência era tão forte que eu simplesmente joguei longe o cachimbo e disse: "Não vou fazer isso. Não sei o que isso significa. Não entendo o que estão pedindo que eu faça!".

Fiquei assustada com essas novas energias. Eram diferentes de todas as experiências pelas quais eu já havia passado. Na manhã seguinte, acordei por volta das cinco da manhã, sabendo que o próximo passo seria levar o cachimbo ao meu coração. Então o levei para a tenda do suor que estava conectada diretamente ao poderoso Monte Shasta. Fiz o voto do cachimbo com meu coração. Naquele momento fui preenchida com um poder imenso, e uma língua estranha começou a se manifestar por meu intermédio. Não entendia a língua, mas a energia era tão forte que me arrebatou completamente. Nunca mais fui a mesma depois disso.

Não usei e nem mesmo peguei o cachimbo até muito tempo depois, mas a língua retornava cada vez que eu o tocava. Às vezes, isso acontecia até mesmo quando eu não o tocava. No meu aniversário, em janeiro, disseram-me que eu deveria fazer uma cerimônia com o cachimbo. Saí ao ar livre, me sentei com ele e foi então que vi que o poder surgindo em mim era minha própria Energia Divina.

Foi uma virada muito significativa em minha vida. Comecei a incorporar meu poder e a recebê-lo em minhas células. Até aquele momento, eu tinha trabalhado com a energia, sentido e experienciado a energia, mas nunca havia percebido que ela era minha. Então comecei a me abrir conscientemente para permitir que ela se alojasse nas células do meu corpo. Esse processo, de receber meu poder conscientemente, criou uma aceleração do meu processo de despertar. Por meio dessa poderosa compreensão, comecei a receber conscientemente minha identidade completa, que me levou a um alinhamento de minha missão. Tudo isso aconteceu em 1992.

Nesse período do Novo Alvorecer, todos os seres humanos ganharam a graça de receber todos os alinhamentos das forças da Natureza. Com a estrutura cristalina ativada vocês podem voltar, por meio de um ciclo sagrado, a entrar na "roda de luz" de seu despertar e acabar com sua separação. Vocês podem, por meio da Escolha Consciente, se abrir para essa união natural.

Uma peça importante do seu processo de iluminação é se reunir conscientemente com todas as partes da natureza. Há uma sabedoria e uma cura imensas nas energias sagradas e poderosas de nossa Mãe Terra e em seus elementos. Seu centro telepático permite que vocês entrem em comunhão com as forças da Natureza, recebendo outro nível de verdades simples que os levarão de volta a um lugar centralizado dentro de cada um de vocês. É hora de voltar para casa, e parte de seu retorno está em comungar com as forças da Natureza do plano terrestre.

Seu processo de iluminação realmente depende da criação de uma aliança energética com as forças da Natureza. Ao encontrar esse caminho, vocês se abrirão, em outro nível, para um componente sagrado interno. É algo comparável a encontrar a chave para um portal. Há uma passagem sagrada que os levará a uma beleza e felicidade únicas que raramente foram experienciadas. Essa passagem lhes dá acesso às forças da Natureza e lhes abre para um aspecto poderoso do seu Self, que os Pleiadianos chamam de Guerreiro interior.

O seu aspecto guerreiro está vivo, poderoso e alinhado com a energia vital pura e verdadeira encontrada nas forças da Natureza. Vocês têm seu próprio lugar dentro das forças da Natureza, e seu Self Guerreiro os espera ali. Esta parte guerreira é essencial para os próximos passos, pois os abre para aspectos sagrados multidimensionais interiores.

Durante várias vidas vocês tiveram certo nível de acesso às forças da Natureza do plano terrestre somente com um relacionamento limitado com as árvores, pedras, montanhas, os oceanos, rios, as flores, o reino animal, o mundo dos insetos e com os elementos do sol, do vento, do fogo e da terra. As forças da Natureza sempre estiveram aqui para nutri-los e apoiá-los em sua cura física. Agora é a hora de permitir que as forças da Natureza os ensinem e funcionem como um espelho, para que vocês possam despertar para sua própria essência divina, que vive em toda a Natureza e em todos vocês.

Enquanto essa mudança de consciência do Novo Alvorecer começa, uma nova abertura ocorre continuamente entre os seres humanos e as forças da Natureza. Ela começou em 2009 e continuou a acelerar durante 2013 e além. A Terra está passando por um renascimento dimensional, assim como as células de seu corpo, rejuvenescendo-os. Um período de graça se abriu, dando a todos o acesso total a essa conexão com as forças da Natureza no plano terrestre.

À medida que vocês se alinham com as forças da Natureza, vão se alimentando nutritivamente da energia da Terra — do vento, da água, do espírito do fogo e da energia do sol nascente. Quando retornam para cada elemento natural e se alinham com ele por meio de seu centro telepático, recebem uma nutrição energética que flui do elemento natural para as células do seu corpo. Essa nutrição rejuvenesce e dá à luz uma energia multidimensional interna, levando-os a se alinhar diretamente com aspectos do seu Self Guerreiro.

Saibam que agora é a hora de vocês ativarem sua energia guerreira. Vocês precisarão desse componente interno durante o período do Novo Alvorecer. Os Pleiadianos falam de nosso caminho transformador que nos leva de volta à era mágica da renovação. Este é o momento pelo qual todos estavam esperando, de deixar o antigo para trás e entrar em reinos diferentes, aos quais vocês realmente pertencem.

A Terra continuará a se transformar, e é importante que vocês deem seu próximo passo sabendo que isso ajudará a apoiar a energia da Terra. Vocês podem firmar circuitos energéticos na Terra por meio de sua energia guerreira. Podem descobrir que muitos de vocês se agruparão e conectarão com uma comunhão telepática avançada, uma vez ativada sua energia guerreira.

Os Pleiadianos falam de aspectos de seu Self Guerreiro: um Guerreiro é alguém que tomou coragem de combater os inimigos internos para encarar a verdade dele mesmo e de seu mundo.

Os quatro atributos do Guerreiro são:

1. Harmonia de espírito.
2. Honra à Mãe Terra e às forças da Natureza.

3. Humildade em relação às suas emoções.
4. Senso de humor com relação às "coisas" da mente do ego.

O caminho do Guerreiro Espiritual é de transformação — não é fácil, nem rápido — mas é real.

Tornar-se um Guerreiro significa estar no seu centro. Ou seja:

- Em sua essência (inocência), vocês devem viver com confiança e fé na retidão e justiça totais do Universo, mesmo que os acontecimentos possam tentar tirar-lhes do centro de todas as maneiras.
- Não devem se afetar com nada nem ninguém, em lugar nenhum, em momento algum, de modo algum.
- Devem agir de acordo com o que falam, como Guerreiros do Espírito, levando beleza ao mundo aonde quer que forem, na Grande Busca da Visão Chamada Vida. Devem encontrar seu verdadeiro propósito de ter encarnado neste momento, acessar a força interior e as ferramentas necessárias para concretizar seus sonhos escolhidos por meio dos grandes ensinamentos da Mãe Natureza.

Os Pleiadianos descrevem este momento de alinhamento com seu Self Guerreiro como um "Paraíso na Terra", porque vocês têm a oportunidade de começar um novo caminho interior, criar um novo relacionamento com seu Self enquanto passam a trabalhar com as forças da Natureza e a despertar esse novo aspecto de seu Self.

À medida que recebem seu Self, um novo sol nasce no horizonte. Quando cada aspecto dos raios desse sol entra nas células de seu corpo, vocês podem se transformar. O despertar acontece à medida que vocês começam a conhecer a energia das forças da Natureza, com a compreensão de que dentro dessa energia vocês encontrarão seu Self Guerreiro.

É importante começar de modo simples. Vocês descobrirão que sua natureza guerreira renascerá rapidamente em vários níveis. Vocês podem desencadear um nível desse processo de rejuvenescimento trabalhando com as forças da Natureza e com a comunhão telepática para se conectar com a Terra. Esse passo começará a alinhá-los com um estado de consciência diferente. Vocês começarão a entrar em um fluxo energético espiritual com as forças da Natureza e suas capacidades de comunhão telepática se transformarão, mantendo-se e expandindo-se dentro desse fluxo sagrado.

Esse fluxo os alinha com aspectos de seu Self Guerreiro, o que permitirá que vocês vivam muito mais do que imaginaram ser possível. Na verdade, começarão a rejuvenescer e viverão de 150 a 200 anos, realinhando-se com o seu Self Guerreiro. Começarão a experienciar muito mais coisas na vida, de um modo mais rico do que nunca. À medida que vocês trabalham com forças naturais e se abrem ao seu Self Guerreiro, uma nova área de seu cérebro se abre e vocês entram em um profundo estado de autocura.

Vocês começarão a se conectar com as alianças inerentes à Natureza. À medida que criarem essas alianças de comunicação telepática sagrada, começarão a se diluir em uma fonte de cura natural, composta de energia de força vital fluente. Essa é a energia espiritual contida em toda a Natureza. À medida que vocês se abrem para seu lugar, começam a ter acesso a essa energia do Self.

Lembrem-se: as forças da Natureza fazem parte desses grupos de força vital que os Pleiadianos já descreveram anteriormente. À medida que vocês avançam em direção às forças da Natureza, lhes é possível entrar em um nível e um estado diferente de união com esses grupos de força vital. Ao entrarem nesse estado de união, vocês descobrirão um novo nível de energia de força vital com a qual podem se reconectar.

Vocês podem trabalhar com qualquer componente da Natureza que lhes seja interessante e atraente. Não importa se é uma flor, uma gota de orvalho em uma folha, uma montanha, uma árvore, um pássaro, o sol ou o oceano. Não importa — porque toda força vital existe em toda a Natureza. A conexão simplesmente *existe*.

As energias das forças da Natureza se revelarão para vocês de um modo totalmente novo, à medida que vocês se abrirem para a comunhão telepática consciente com elas. Haverá uma comunicação com todos os níveis das forças da Natureza: o reino animal, o reino vegetal e o reino mineral.

Os véus se ergueram e a consciência da Terra está nascendo. Assim como vocês.

Forças da Natureza

Vamos falar sobre como é possível trabalhar especificamente com as forças da Natureza para dar início ao alinhamento sagrado com o Self Guerreiro:

Trabalhando com o Sol

1. O momento de trabalhar com o sol é um pouco antes do amanhecer. Elevem a mão direita para alinhá-la com seu centro telepático e abram sua energia de comunhão telepática à consciência do sol. Entreguem-se à comunhão telepática e permitam-se respirar. Simplesmente Sejam. Permitam-se renascer!

2. No momento em que desponta no horizonte, o sol lança uma substância nutritiva por meio de sua conexão telepática. Essa nova conexão entra nas células do corpo para regenerá-las. Se se permitirem trabalhar desse modo, se surpreenderão com a rapidez de seu alinhamento e serão alimentados e rejuvenescidos por meio do sol.

Trabalhando com o Vento

Quando sentirem o vento no rosto, no cabelo ou em qualquer área do corpo, levem sua consciência a sentir o elemento do ar. Abram seu centro telepático com a postura da mão direita e trabalhem com a essência do vento. As energias são diferentes daquelas do sol, da terra e do fogo. Há um elemento ou uma essência de luz presente no vento. Fechem seus olhos e deixem que seu centro telepático receba essa essência pura. Vocês não poderão intuir toda a essência do vento sem que seu centro de comunhão telepática esteja aberto. Simplesmente soltem e permitam-se experienciar. Permitam-se ser levados, ajustados e carregados para dentro de seu Self. Quando sentirem que o processo está completo, encerrem, abaixando a mão direita.

Trabalhando com o Fogo

Para trabalhar com o fogo, vocês precisam se conectar com o espírito desse elemento.

1. Abram seu centro telepático por meio da postura da mão direita e se expandam no centro de comunhão telepática.
2. Levem sua consciência a uma área do fogo que os atraia.
3. A essência do espírito do fogo chama um aspecto de sua energia guerreira interna. Permitam que sua energia guer-

reira se expresse totalmente na medida em que começa a se apresentar. Soltem e se abram para a experiência.

4. Para desligar sua conexão telepática com o fogo, levem toda a sua consciência para a postura da mão e então encerrem, abaixando a mão.

Trabalhando com a Terra

A energia de sua Mãe Terra está aqui para apoiá-los em sua transição. Uma das tarefas mais significativas para cada um de vocês aqui no plano terrestre é soltar tudo aquilo a que estão se agarrando de suas experiências ilusórias tridimensionais. Parte do papel da Terra é abrandar os fardos de sua batalha, de sua culpa, sua vergonha, seu medo, sua tristeza e de todos os resíduos que vocês estejam carregando.

Tudo o que vocês precisam fazer é deitarem-se ou sentarem-se na terra. Levem sua consciência a essa conexão física com a Terra e simplesmente respirem. Soltem tudo o que vocês trazem do passado.

Sua Mãe Terra pede que vocês se soltem para que possam chegar a uma série de realinhamentos com seu Self. A Terra também desempenha um papel de destaque, apoiando cada um de vocês, ajudando-os a se integrar à nova energia elétrica que está nascendo através de suas células nesse período.

É bom que vocês fiquem descalços e ponham a planta dos pés em contato com a terra, mantendo, ao mesmo tempo, as palmas das mãos sobre o solo. Isso permite que uma energia circular do solo passe por todos os sistemas do seu corpo. Usem sua Respiração Consciente e simplesmente entreguem-se à Terra, permitindo que as integrações e os realinhamentos aconteçam.

Trabalhando Telepaticamente com a Terra

1. Deitem-se ou sentem-se na terra e sintam sua conexão física com ela. Abram sua conexão telepática por meio da postura da mão direita. Levem o tempo que for preciso para expandir sua Atenção Consciente para a postura da mão, ampliando a abertura completamente.
2. Então sigam a abertura em direção ao centro telepático. Soltem e permitam a expansão completa.
3. Levem sua consciência em direção à conexão física com a terra. Permitam toda a expressão de sua comunhão telepática com ela. É importante soltar e sentir ao máximo toda a sua experiência multidimensional.
4. Quando terminarem, voltem à mão direita e se desconectem conscientemente, abaixando-a.

Comunhão Sagrada com a Natureza

A comunhão com a Natureza envolve o trabalho com qualquer elemento que faça parte das forças da Natureza. Escolham qualquer elemento que os atraia. Pode ser uma árvore, uma montanha ou uma pedra — o que quer que lhes chame a atenção.

1º Processo: A escolha do elemento natural com o qual se quer a conexão telepática

1. Ergam a mão direita e conectem-se por meio da postura da mão, abrindo seu centro telepático. Abram-se para sua Forma Codificada A; sintam-na sendo absorvida por seu centro telepático. (A Forma Codificada A aparece no Diagrama D.)

2. Levem mentalmente a Forma Codificada A até o elemento desejado. Sintam o elemento receber sua Forma Codificada e sintam o alinhamento telepático começar a se abrir.
3. Abram-se para uma comunhão telepática completa.
4. Quando terminarem, desconectem-se conscientemente, abaixando a mão direita.

Diagrama D

2º Processo: Este processo telepático requer o uso de um chocalho

1. Comecem tocando o centro do coração três vezes com o chocalho e então criando um caminho, com ele, do centro do coração até o elemento com o qual escolheram se comunicar telepaticamente. Vocês usam o chocalho para criar uma passagem até o elemento, chacoalhando, e então para voltar até o coração. Vocês estão realmente construindo uma passagem dimensional entre vocês e o elemento escolhido. Continuem a realizar esse processo até que sintam que o caminho está completo. Nota: entendam que o chocalho cria mais uma abertura dimensional para vocês, permitindo que se abram para uma comunhão telepática mais completa com seu elemento.
2. Abram sua postura da mão para criar a abertura telepática e ligar seu chocalho ao elemento. Talvez vocês tenham a impressão de ter encontrado uma expressão dimensional diferente de seu elemento.

3. Quando sentirem que o processo foi encerrado, abaixem a mão direita e se desliguem conscientemente da conexão telepática.

A Jornada da Criação da Sua Roda da Medicina

A criação da sua própria Roda da Medicina é um aspecto central da jornada de retorno ao Self como Guerreiro. Saibam que vocês nunca mais serão os mesmos depois que decidirem dar esse passo. Entrarão em seu círculo sagrado de um jeito e sairão dele mudados.

O que é Necessário

Para montar sua Roda da Medicina é necessário:

- Chocalho ou tambor.
- Água.
- Bússola.
- Tabaco.
- Sálvia e fósforos.

Ao montarem sua Roda da Medicina, sempre coloquem um pouco de tabaco no solo com uma oração de agradecimento ao Grande Espírito. Coloquem-no onde irão posicionar sua pedra central e também o façam para cada uma das pedras direcionais.

1. Coloquem a pedra central no círculo. Esse será seu alinhamento com o Grande Espírito, com a Mãe Terra, com o Pai Sol, com a Mãe Lua, com as Avós, os Avôs e seus Ancestrais. E também os ancora nos mundos superior e inferior.
2. Coloquem a primeira pedra, começando pelo sul e passando daí ao oeste, ao norte e, por fim, ao leste. Será preciso uma bússola para localizar essas posições com precisão. A direção leste é a porta de entrada. Coloquem duas pedras

grandes para servirem como "batentes", com uma pedra menor no meio para servir como porta (por onde deve-se entrar e sair do círculo). Essa pedra menor marca a direção leste. Nota: verifiquem o diagrama E para ver como criar a porta para o leste.

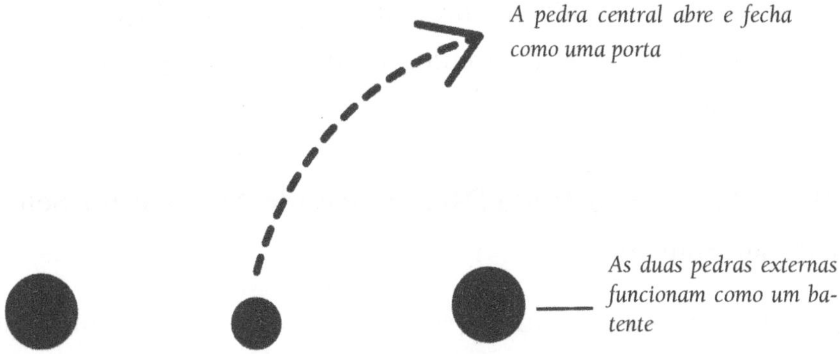

Diagrama E

3. Depois que as quatro pedras estiverem posicionadas, preencham a circunferência da roda com pedras menores. Comecem na direção leste e sigam no sentido horário até o sul, o oeste e o norte, terminando novamente no leste. Em vez de pedras, vocês podem usar farinha de milho, esparramando-a a partir da pedra leste no sentido horário, preenchendo a circunferência.
4. Quando finalmente a Roda estiver completa, levem os objetos até dentro dela e queimem a sálvia para fazer uma defumação. Nota: a porta de entrada, a pedra central no leste, precisa ser fechada antes do início do processo de defumação. A defumação abre a energia do círculo, criando um ambiente livre onde fazer o trabalho sagrado e abrindo espaço para que vocês se conectem aos elementos nas

quatro direções. A defumação abre a energia da Roda para que ela funcione como um ventre para seu nascimento.

Nota: deve-se começar o processo de defumação na pedra central. Partindo do centro do círculo, levem a sálvia acesa desde o centro de seu círculo num movimento lento, percorrendo toda a circunferência gradativamente numa espiral, até chegar à sua borda. Para entrar e sair do círculo, usem somente a porta de entrada para o leste.

Para Ativar Sua Roda (Reivindicando Seu Self no Seu Círculo Sagrado)

Agora vocês estão prontos para ativar o círculo. Soltem enquanto ativam o Círculo Sagrado. Reivindiquem seu Self Guerreiro ao avançar.

1. Ativem as quatro direções: primeiro o sul, depois o oeste, depois o norte e finalmente o leste. Vocês precisarão do tabaco. (Sempre comparo esse processo a apertar um interruptor para acender a lâmpada de um cômodo; à medida que vocês se apresentam em cada direção, uma ativação acontece naquela mesma direção. Ao completarem as quatro direções, todo o seu círculo estará aceso.)
2. Sigam para a direção sul e se apresentem, abrindo-se para os elementos do sul. Dirijam-se aos elementos: "Elementos do sul, eu os conclamo". (Vocês podem falar isso em voz alta ou simplesmente pensar.)
3. Peguem uma pitada de tabaco, segurem-na junto ao peito, esperem até sentir uma conexão e então a apresentem com a mão erguida. Esperem até sentir que estão sendo recebidos, de algum modo, e então a coloquem na pedra sul.

4. Façam o mesmo em cada direção, movendo-se no sentido horário.
5. Sigam até a pedra central. Ali, conectem-se ao Grande Espírito, pedindo ajuda, pedindo para que o caminho lhes seja mostrado, pedindo para receber ensinamentos. Usem seu tabaco, segurando-o junto ao peito, elevando-o para que se conecte ao Grande Espírito e baixando-o para que se conecte com a Mãe Terra, conclamando o Pai Sol, a Mãe Lua, as Avós e os Avôs, honrando os mundos superior e inferior e então chamando os Ancestrais. Vocês conclamam essas energias para que os apóiem em sua busca. Coloquem então o tabaco na pedra central em agradecimento por tudo que estão por receber. Nota: os Ancestrais são todos aqueles que trilharam esse caminho antes de vocês e aqueles que forjaram esse caminho para que vocês pudessem avançar mais facilmente em seu próprio caminho.

Os mundos superiores incluem as energias estelares na galáxia; os mundos inferiores incluem o reino mineral e todas as energias sob a Terra.

Trabalhando com Sua Roda da Medicina

Libertem-se de todos os conceitos e simplesmente Sejam.

1. Caminhem até a pedra central e façam uma oração para o Grande Espírito, para a Mãe Terra, para o Pai Sol, para as Avós, os Avôs e os Ancestrais. Conclamem-nos para ficarem com vocês nesse período, trazendo ensinamentos.
2. Comecem fazendo uma oração pedindo para que o caminho lhes seja mostrado. Peçam a ajuda de que necessitam

nesse período. Vocês se apresentam na humildade, não no saber, e somente se abrem para receber.

3. Usem o tambor ou o chocalho quando estiverem abrindo sua conexão. Lembrem-se que o tambor ou chocalho cria a conexão, a abertura.
4. Cada direção da Roda da Medicina contém certa qualidade para vocês, mas é importante primeiro apresentarem-se para cada direção. Começando pelo sul, usando ou o tambor ou o chocalho, sentem-se na terra ou fiquem em pé enquanto tocam o chocalho ou o tambor naquela direção. Os elementos conectados ao sul responderão a vocês. Vocês talvez sintam a necessidade de parar e ficar estáticos, meditando calmamente nos elementos daquela direção.
5. Conectem-se do mesmo modo com as direções oeste, norte e leste.
6. Sintam onde precisam estar em sua Roda. Vocês podem ser levados à determinada direção ou até mesmo ao centro. Podem, quem sabe, sentir que precisam deitar na terra para receberem o que tiverem de receber. Usem o tambor ou o chocalho na direção que lhes atrair. Isso expandirá sua conexão. Talvez lhes pareça melhor simplesmente sentarem-se naquela direção e ficarem na companhia dos elementos. Vocês podem confiar em seus sentimentos. O que essa direção pode lhes revelar? Que mensagem ela lhes traz? É comum sentir uma conexão mais profunda com uma direção em particular do que com as outras. É importante honrar o chamado e passar algum tempo naquela direção em particular.

Saindo da Roda da Medicina

Sempre saiam pela porta a leste. Peguem a pedra central na entrada, atravessem-na e fechem a passagem, colocando a pedra central novamente no local depois de passarem. Nunca andem sobre as pedras. Vocês devem sair da Roda conscientemente, agradecendo ao Grande Espírito e às quatro direções pelo ensinamento.

Se vocês não forem voltar a usar sua Roda da Medicina, é importante desfazê-la. Coloquem as pedras de volta onde as encontraram e deixem um pouco de tabaco na terra, em agradecimento por tudo que receberam.

Os Elementos de Cada Direção

Sul

- **Cor:** vermelho.
- **Período do dia:** meio-dia.
- **Estação:** meio do verão.
- **Elemento:** fogo.
- **Ensinamento:** lugar da criança, leva a pessoa de volta à inocência; lugar do nascimento da criatividade; lugar da sexualidade, lugar da paixão.
- **Animais de poder:** a serpente, o escorpião (todos os animais rastejantes).
- **Ação:** transmutação por meio da mordida; o sul se completa na Cerimônia do Fogo, que marca nosso movimento em direção ao leste.

O sul abre um movimento que apaga a história pessoal, o que significa a liberação da energia de traumas passados que afetam sua vida hoje em dia. O sul está relacionado com a cura pessoal.

Oeste

- **Cor:** preto.
- **Período do dia:** pôr do sol.
- **Estação:** outono.
- **Elemento:** água.
- **Ensinamento:** o trabalho é procurar as qualidades de introspecção e intuição por meio de uma profunda humildade interna no encontro consigo mesmo.
- **Animais de poder:** lontra, baleia, golfinho, castor e tartaruga (todas as criaturas aquáticas).
- **Ação:** o oeste está relacionado à cura cultural, ou seja, à cura de todos os sistemas de crença que vocês escolheram seguir por meio dos ensinamentos familiares.

Norte

- **Cor:** branco.
- **Período do dia:** meia-noite.
- **Estação:** meio do inverno.
- **Elemento:** terra.
- **Ensinamento:** lugar da morte. "Encarar a morte e fazer dela sua aliada." Refazer sua conexão profunda com a Mãe Terra e com os Elementos.
- **Animais de poder:** lobo, cavalo, urso, coiote (todos os de quatro patas).
- **Ação:** introspecção profunda por meio da hibernação, consolidando a sabedoria, manifestando seu novo Self e sua visão no plano material e comprometendo-se a assumir autoridade sobre sua vida, seu Self e seu círculo.

Leste

- **Cor:** amarelo.
- **Período do dia:** nascer do sol.
- **Estação:** primavera.
- **Elemento:** ar.
- **Ensinamento:** o trabalho é buscar a Visão, a Iluminação e a compreensão da Verdade; este trabalho inclui:
  - a Mãe Natureza e seus ensinamentos.
  - a reunião com as forças elementares.
  - cerimônia pela qual vocês renascem de seus pais verdadeiros, a Mãe Terra e o Pai Sol.
- **Animais de poder:** águia, todos os mensageiros alados, o corvo que traz a energia do metamorfo.
- **Ação:** iluminação, renascimento.

Amados,

Nós os saudamos. Tantas coisas estão acontecendo em seu planeta agora. Vocês estão começando a avançar para novos reinos de compreensão; reinos onde se alinharão à verdade, onde se lembrarão. É muito empolgante testemunhá-los em seu despertar, no avanço de sua compreensão.

Não hesitem em avançar. Algumas coisas não farão sentido algum para vocês, mas não deixem que isso os detenha em seu avanço. Confiem nos sentimentos de certeza no passo e continuem a dançar nas ondas de sua vida.

Estamos com vocês. Nós os saudamos. Nós os amamos.

Bênçãos,
Os Pleiadianos.

6
Alinhando-se com Sua Missão, Cumprindo Seu Destino

À medida que vocês ocuparem seu lugar e cumprirem sua missão neste plano terrestre, durante o período do Novo Alvorecer, receberão conhecimento e compreensão, junto a um certo nutrimento que os fortalecerá. Essa é a energia direta dos Princípios de Vida com a qual vocês estão começando a se realinhar.

Nada é isolado. Todas as forças vitais no Universo estão interligadas pelo elemento comum da Consciência de Deus que vive em cada uma delas, e parte desse elemento comum nasce por meio do alinhamento sagrado com os Princípios de Vida. Essa jornada serve para que o aspecto divino de vocês seja revelado para seu Self nesta vida. É fato, vocês têm seu aspecto humano. Há um espaço para vocês experienciarem seu elemento humano e ao mesmo tempo revelarem a parte sagrada de seu Self. É parte de seu destino avançar e participar de um poderoso momento que está ocorrendo em seu planeta. É parte da missão de vocês ocupar o lugar que lhes cabe, desempenhar seu papel e se realinhar com os princípios de vida para que vocês possam relembrar do seu Self e se reunir com ele.

O Plano Maior inclui seu trabalho para se alinhar com o Conselho Galáctico, com os Reinos Espirituais, com as energias alienígenas e com todos os grupos de força vital do Universo. Vocês têm um papel a desempenhar nesse Plano Maior, e é hora de vocês, conscientemente, ocuparem seu lugar. Cada ser humano neste plano terrestre, não importa o que esteja fazendo ou quem seja, fez um pré-acordo para estar aqui neste momento. Não importa se vocês estão conscientemente despertos ou não. O que importa é que todos vocês concordaram em estar aqui, e percebam que cada um de vocês tem um papel a desempenhar. Aqueles que estão despertos e trabalharam em seu próprio caminho espiritual terão um papel mais importante a desempenhar agora no Universo.

É essencial que vocês simplesmente se soltem. Deixem-se conduzir a um aspecto muito diferente de seu Self, que fará nascer uma onda de luz em seu plano terrestre. Essa onda de luz reunirá forças à medida que cada um permitir que ela nasça por intermédio de si. Essa onda de luz vai provocar um impulso de reunião no caráter dimensional do planeta, para que um poderoso ancoramento de energia multidimensional possa se tornar um aspecto permanente de seu planeta Terra.

Existem muitos Trabalhadores da Luz, Agentes de Cura, Seres Estelares e outras alianças de energia em forma humana aqui no plano terrestre. Muitos de vocês fizeram pré-acordos para cumprir o destino de seu plano terrestre e, ao mesmo tempo, cumprir seu próprio destino de transformação e transmutação. Uma poderosa transmutação vai acontecer nas células de cada ser humano desperto. Vocês podem guardar e sentir essa verdade no seu centro do coração. Seu próprio coração reconhece essa verdade e está esperando para começar essa transmutação.

Essa nova onda de luz que nascerá por intermédio de cada uma de suas células cardíacas será como uma chama que toma a célula como combustível, à medida que vocês recebem essa força multidimensional que transmutará seu coração. A transmutação de cada célula cardíaca criará o ventre perfeito para conter a frequência de seu verdadeiro elemento de amor incondicional.

Por meio dessa imensa força de amor fluindo no planeta, por intermédio de vocês e muitos outros, uma nova criação será possível mediante a transformação da frequência de seu planeta. Essa estrutura energética está sendo criada para ancorar uma série de nascimentos sagrados em seu planeta.

O amor incondicional, que nasce por meio das células cardíacas, abrirá uma série de portais de transformação no plano terrestre, que criarão por sua vez uma revolução em seu planeta. Esses portais canalizarão o nascimento completo da energia do Novo Alvorecer. Seu centro do coração será como uma estação receptiva plena, uma vez que esteja ligado a esses portais. Saibam que por meio do nascimento de um portal em seu próprio coração vocês terão uma conexão direta com esses portais transformadores.

Vocês receberão essa energia pelo coração e então naturalmente a transmitirão pelo plano terrestre. Isso fará nascer um caminho de energia, tornando possível para muitos outros seguirem-no, criando uma revelação da verdade para todos os que estiverem prontos. Esses portais de luz estão alinhados à Consciência Coletiva, e aqueles de vocês que estiverem despertos farão renascer a si mesmos por meio dessa conexão sagrada com os Princípios de Vida. Como grupo, vocês estão predestinados a ancorar a era do Novo Alvorecer no plano terrestre.

Cabe a vocês que estão vivendo neste plano terrestre, como parte de seu destino, ser instrumento desse nascimento no plano terrestre. NÓS estamos aqui para ajudá-los, VOCÊS estão aqui para ancorar e fazer seu planeta renascer do ponto de vista dimensional. É para isso que vocês estão aqui!

No Plano Maior, os reinos espirituais — os Mestres, os Seres de Luz e os Anjos — estão trabalhando com pessoas do plano terrestre para levá-las a certo nível de despertar ou de alinhamento por meio da canalização, ou qualquer meio que estejam usando para completar essa missão. Os reinos espirituais também estão trabalhando no campo energético do plano terrestre e ajudando no ancoramento das redes energéticas e dos alinhamentos na própria Terra, e alguns estão trabalhando com as pessoas ou os grupos individuais que estão montando redes energéticas.

Os Pleiadianos estão trabalhando com grupos no plano terrestre e também transmitindo informações canalizadas a alguns indivíduos para criar um conjunto de alinhamentos e processos de iniciação de luz para os seres humanos. Tudo isso está escrito no Plano Maior, e cada grupo virá e fará sua parte. Todos são partes da Unidade, partes de um sistema de comunhão telepática que os apoia para que completem essa transição.

Outra peça do Plano Maior são os agroglifos, que virão a cumprir plenamente seu papel pela primeira vez no plano terrestre — o que será revelado de modo mais completo no Capítulo 8. Eles estão se alinhando com todos os sítios megalíticos no planeta. Os agroglifos estão se realinhando com seu estado puro original, reativando a energia dos ensinamentos antigos e do conhecimento que eles continham originariamente. Essas energias sagradas estão ancorando agora pelo plano terrestre.

Linhas energéticas estão se formando entre os agroglifos e os sítios megalíticos em nosso plano terrestre. Isso cria uma tecedura sagrada, auxiliando no ancoramento de muitas redes dimensionais que apoiam a transformação do planeta. Essa tecedura conterá aberturas energéticas preparadas para que os portais de luz ancorem no plano terrestre.

Como vocês podem ver, cada grupo de forças de luz está fazendo sua parte no Plano Maior. Conectados por meio de uma comunhão telepática mútua, os Pleiadianos e os reinos espirituais estão trabalhando lado a lado, alinhados em níveis dimensionais mais elevados na comunhão sagrada com o Conselho Galáctico.

O Conselho Galáctico está exercendo um papel crucial. Seus membros mantêm uma consciência de luz pura e estão trabalhando com certos princípios energéticos e dimensionais para alinhar a matéria com a consciência. Conseguem manter os objetos em equilíbrio no âmbito dimensional à medida que esse nascimento ocorre no plano terrestre. Ao mesmo tempo, eles mantêm todos os alinhamentos sagrados em comunhão com a Unidade.

Há uma orquestração divina. É claro que vocês estão em seu elemento humano, às vezes com o ego, às vezes dentro de seus estados mais expandidos e trilhando seu caminho. Vocês estão despertando e realinhando seu Self com todo esse apoio.

Vocês precisam entender um pouco do que está para acontecer, e sei que esta descrição é inadequada. Sua linguagem não pode abarcar completamente a verdade de tudo que está para ocorrer. No entanto tenho de criar um quadro para que vocês entendam o que está acontecendo agora e o que está por vir, em parte para explicar seu lugar e seus próximos passos, para que vocês possam dizer: *certo, vou dar outro passo hoje em direção ao meu despertar.* Assim seja!

Energia do Molde

Àqueles que estiverem prontos será pedido que criem uma Energia do Molde que ancorará no plano terrestre. Essa Energia do Molde será usada no Plano Maior. Ativando seu Molde conscientemente, vocês ativarão uma peça de seu aspecto sagrado no plano terrestre e simultaneamente se realinharão aos Princípios de Vida. A Energia do Molde é puro espaço dimensional, capaz de conter sua energia em forma de luz. Esse é o aspecto de luz divina que continua conectado a vocês, à medida que ancoram o Molde no plano terrestre, onde será usado para sustentar o nascimento das novas energias dimensionais nele.

O ancoramento de seu Molde lhes dará acesso à sua luz divina, com a qual vocês antes não conseguiam se alinhar. O Molde lhes dará uma oportunidade e lhes abrirá uma passagem para que vocês trabalhem diretamente com seu caminho de luz divina. É como se vocês se banhassem nessa luz, proveniente de seu Self, para uma transformação rápida, permitindo que vocês carreguem um nível mais elevado de sua própria consciência de luz nas células de seu corpo. Então, vocês funcionarão como transmissores para o planeta e para as outras pessoas à medida que passarem por essa transmutação em suas células cardíacas.

A ativação de seu Molde permite que vocês desenvolvam outro nível de consciência do Self, fazendo renascer a si mesmos. Vocês aceleram seu processo de renascimento por meio da ativação de seu Molde. Ao ancorar seu Molde, há um processo natural de abertura para um alinhamento consciente com o Conselho Galáctico.

Vocês entrarão nessa comunhão, o que acelerará seu processo de nascimento, arrebatando-os num fluxo sagrado que perpassa o Universo. Uma nova clareza se abre quando vocês se juntam à família de luz. Vocês entrarão em um espaço dimensional telepático mais elevado, participarão e crescerão por meio das verdades mais elevadas transmitidas nessa arena telepática.

Ninguém é mais importante que ninguém. Todos trabalham em prol do Plano Maior coletivo e todos desempenham perfeitamente seus papéis. A matriz sagrada tem o objetivo de que todos vocês voltem a seus lugares originais na Consciência Universal. Quando vocês estabelecem uma conexão com os lugares que lhes cabem no Circuito Universal, o todo (que é a Consciência Universal) se completa novamente.

O ancoramento de seu Molde pode ser comparado a descer um rio num bote, a favor da corrente, sem a certeza de como se guiar. Soltem; abram-se e confiem. Vocês podem não estar prontos para dar esse passo, e não há problema algum nisso. Só saibam que vocês podem retornar a esses processos a qualquer momento, podem retornar a essa ativação quando sentirem que estão prontos.

Passei os últimos 25 anos dando passos à frente e me soltando. Foi uma jornada maravilhosa e satisfatória e me senti abençoada e protegida a cada passo do caminho. Por vezes, me senti oprimida, e isso foi causado pela reação de meu ego a uma experiência diferente ocorrendo dentro de mim à medida que me transformava. Ao voltar para meu coração, fui capaz de me soltar, mergulhando completamente em um sentimento de paz.

Agora vocês podem escolher: podem pular para o próximo capítulo e voltar a este quando lhes parecer melhor, para ativar sua Energia do Molde.

Passos para a Ativação de Seu Molde

É importante entender que, no momento em que houverem completado a ativação de seu Molde, vocês entrarão em alinhamento direto com o Conselho Galáctico. O que isso significa? Significa que serão mantidos em comunhão telepática e observados por eles como parte ativa da Consciência Coletiva. Isso será feito de um modo mais completo porque vocês se alinharam conscientemente com o seu aspecto divino.

Para começar, tenham aberta à sua frente a página do Molde. Vocês precisam se alinhar com as duas colunas de símbolos, usando as duas mãos, e ver todos os símbolos das duas colunas. Olhem o Molde no Diagrama F na página 122. Vocês podem fazer uma cópia dessa página e ampliá-la, o que os ajudará a ter acesso total à página durante seu processo de despertar. Isso vai ajudá-los a se alinhar com as duas colunas mais facilmente.

Vocês precisarão de seu som sagrado: ANAE EE TAH. Lembrem-se: a frequência do som sagrado de cada pessoa é única e é reconhecida no Universo inteiro. Soltem e permitam que essa energia nasça através de vocês.

1º Processo

Arquivo de Áudio: Capítulo 6
Arquivo de Áudio nº 1

1. Juntem as mãos no centro do coração (na linha do osso esterno). Levem sua Atenção Consciente ao ponto de conexão entre as palmas das mãos e façam uma Respiração Consciente. Soltem e abram-se para o alinhamento. Vocês vão construir um núcleo de alinhamento interno.

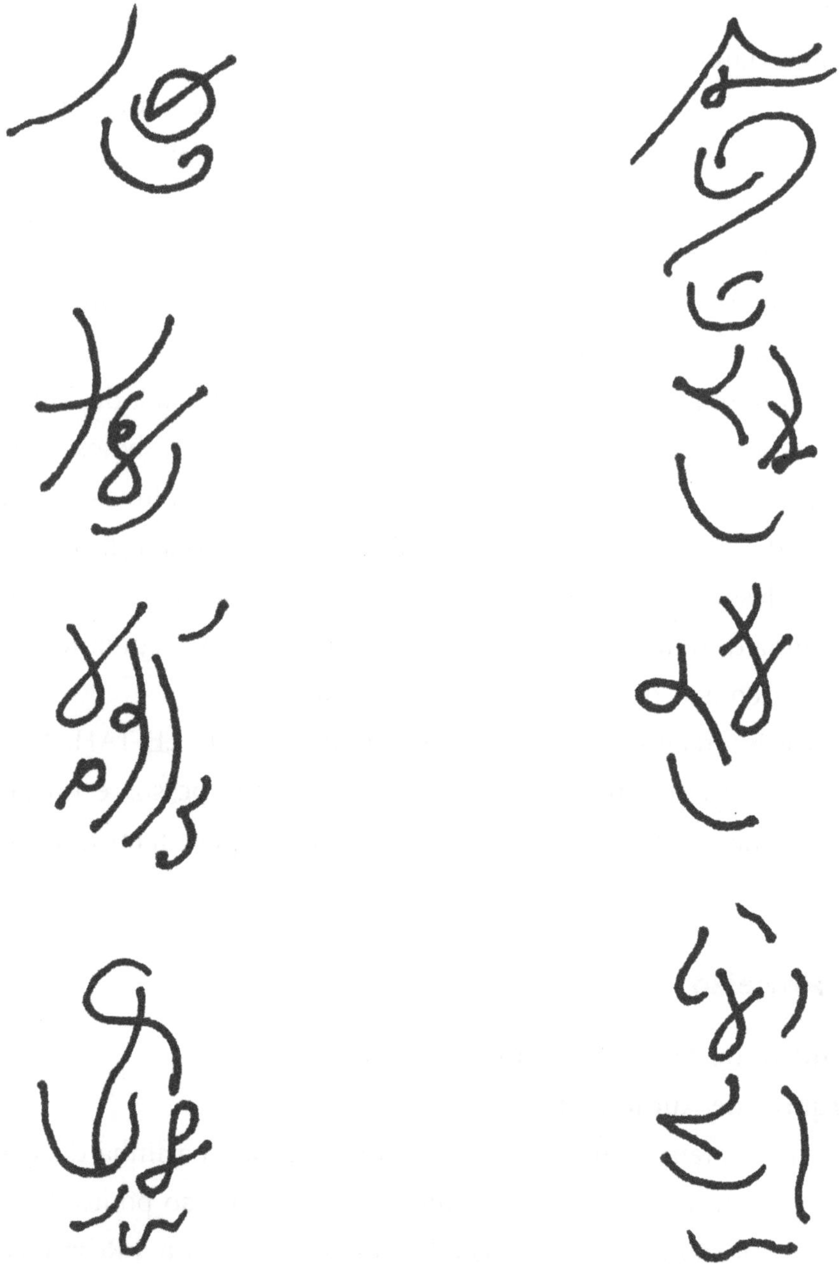

Diagrama F

2. Usem seu som sagrado por meio do alinhamento com o núcleo: ANAE EE TAH. Sintam como o alinhamento do seu núcleo transforma através de seu som sagrado. Soltem e permitam a transformação.
3. Conduzam sua Atenção Consciente à pagina do Molde. Lentamente, tirem suas mãos da posição de alinhamento do núcleo até alinhá-las com cada coluna individual de símbolos, de modo que a mão esquerda se alinhe com a coluna da esquerda e a mão direita se alinhe com a coluna da direita.
4. Levem sua consciência plena até as duas colunas e sintam suas mãos começando a se ancorar e se alinhar com cada coluna. Soltem e simplesmente permitam que a experiência se desenvolva.
5. Quando sentirem que estão prontos, usem o som sagrado ANAE EE TAH. Isso dará início ao ancoramento de sua Energia do Molde. Soltem e abram-se para sentir a energia descendo e passando por vocês e novas conexões de luz sendo-lhes entregues.
6. Quando terminarem, levem suas mãos de volta à posição do núcleo. Permitam que toda a integração aconteça por meio dele. Simplesmente soltem e permitam que uma energia de transição passe pelo alinhamento do núcleo.

Lembrem-se: cada vez que vocês respiram e soltam, outro nível de realinhamento pode acontecer dentro de vocês.

2º Processo

Arquivo de Áudio: Capítulo 6

Arquivo de Áudio nº 2

Código de pensamento: SUN EE SHAH. Nota: isso não é um som, é algo enviado pela mente e inserido no centro telepático.

Deitem-se no chão ou na terra. Nota: se vocês não puderem se deitar, sentem-se em uma cadeira.

1. A palma de suas mãos precisa estar voltada para cima, em direção ao céu, ao lado do corpo. Levem sua Atenção Consciente para cada palma. Façam uma Respiração Consciente e soltem.
2. Levantem a mão direita e abram-se para seu centro telepático. Levem o tempo que for necessário para abrirem seu centro telepático antes de seguirem em frente.
3. Usem o código de pensamento SUN EE SHAH. Vocês o colocarão dentro de seu centro telepático. Esse código de pensamento vai expandir a conexão de comunhão para que vocês acessem comunicações dimensionais mais elevadas.
4. Soltem e inspirem a energia da abertura. Permitam que a transferência de energia se expanda por meio de seu centro telepático.
5. Usem seu código de pensamento SUN EE SHAH. Permitam que ocorra outro nível de transferência energética. Simplesmente soltem e sintam a experiência.
6. Abaixem a mão direita para cerrar seu centro telepático. Deixem as palmas de suas mãos viradas para cima, ao seu lado. Levem sua Atenção Consciente para as palmas, usem sua Respiração Consciente e soltem. Abra o realinhamento por meio das células do seu corpo.

7. Usem seu som sagrado ANAE EE TAH. Ao fazer isso, cada célula de seu corpo passará por um processo de realinhamento. Usem o som até se sentirem totalmente integrados.

3º Processo: Trabalhando com Seu Molde Ativado

Arquivo de Áudio: Capítulo 6
Arquivo de Áudio nº 3

Agora vocês ativaram seu Molde. É importante estarem conscientes de suas aberturas telepáticas, que lhes darão uma nova perspectiva energética. Conscientizem-se de que vocês ganharão um acesso mais elevado aos códigos dimensionais que existem no Universo para ativar sua assinatura de luz. A assinatura é o aspecto da luz que ancorou por meio de seu Molde.

Vocês podem trabalhar com sua assinatura de luz usando esses códigos dimensionais que criam alinhamentos para vocês. Vocês são os únicos que podem ter acesso à sua própria assinatura de luz.

Como Trabalhar com Seus Códigos Dimensionais

1. Vocês precisarão entrar em seu centro telepático expandido para trabalhar com seus novos códigos dimensionais. Abram a mão direita e acessem seu centro telepático. Certifiquem-se de que estão totalmente expandidos em seu centro telepático.
2. Juntem as mãos de modo a formar um triângulo. Vejam o Diagrama G na página 126, que mostra essa postura de mãos. Nota: os dedos indicadores estão ligados; com os polegares juntos na base, eles formam um triângulo.
3. Levem sua Atenção Consciente à passagem no meio do triângulo; respirem e soltem. Fiquem à vontade para sentir

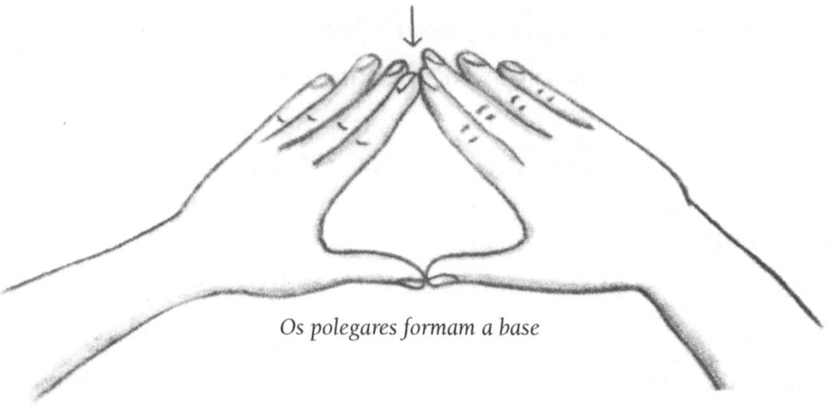

Diagrama G

uma abertura nesse portal. Agora aprofundem sua consciência no triângulo. Respirem e soltem. Aqui vocês começam a se alinhar com os códigos dimensionais. Continuem a receber esses códigos e soltem.

4. Agora tragam toda a sua Atenção Consciente para fora do portal e entrem em seu centro telepático. Ele ainda está aberto. Simplesmente levem sua Atenção Consciente à área do terceiro olho e vocês entrarão completamente no centro telepático. Vocês carregam os códigos dimensionais junto com vocês para esse espaço.
5. Usem o código de pensamento SUN EE SHAH. Coloquem-no em seu centro telepático. Vocês começam a receber, de seu Molde ancorado, aspectos de sua assinatura de luz. Vocês precisam trabalhar com os níveis de sua assinatura de luz, integrando-se com sua Respiração Consciente e soltando.

Ao ativarem sua assinatura de luz, vocês serão impulsionados energeticamente e alinhados mais profundamente com os reinos dimensionais mais elevados. Conforme ocorre essa ativação, sua frequência de luz começará a ser transmitida na direção do Circuito Universal. É no Circuito que vocês vão reancorar seu posicionamento de luz. Seu posicionamento de luz no Circuito vem esperando por esse sinal da ativação de sua assinatura de luz. Conforme a sua assinatura de luz pulsa pelo Universo, a comunidade universal a reconhece e ativa o seu lugar no Circuito. É mais um passo em seu retorno ao Lar. Saibam que vocês podem desenvolver e expandir aspectos dimensionais de sua assinatura de luz ao refazer a jornada com esse arquivo de áudio. Esse processo continuará a ancorá-los em seu posicionamento de luz.

Vocês talvez se sintam um pouco desorientados ao longo da ativação de sua assinatura de luz. Isso acontece porque vocês estão se realinhando com novas configurações dimensionais em seu Self. Não tentem retornar ao que vocês sabiam, simplesmente soltem e permitam transformar-se. Conclamem as energias para apoiá-los e permitam esse renascimento.

Amados,

Nós os saudamos e, neste momento, pedimos que se abram para as energias que os aguardam. Agora é o momento de avançarem para receber muitas bênçãos. Essas bênçãos são suas por direito natural divino e estão sendo disponibilizadas para vocês por sua necessidade.

Vocês concordaram em estar aqui neste período. Vocês concordaram com uma jornada de proporções divinas para ocupar seu lugar na Consciência Coletiva, na Unidade. Vocês têm um lugar na Unidade. Reivindicar esse lugar conscientemente é completamente essencial neste período.

Ao reivindicarem seu lugar em um nível consciente, uma porta pode se abrir e vocês podem atravessar esse portal. Nós mantemos esse portal aberto com muito amor e respeito por tudo o que vocês são neste momento. Saibam que vocês são "perfeitamente imperfeitos" em sua humanidade. Não há nada que vocês precisem mudar em si mesmos para serem recebidos nessa roda de luz no Circuito Universal.

Respirem e reivindiquem a si mesmos em sua humanidade. Abracem seu Self, cheios de amor e carinho por sua jornada e por tudo o que viveram até agora.

Nosso papel é trazer a energia de amor incondicional da quinta dimensão para cada um de vocês ao completarem seu destino. Estamos aqui para ajudar, simplesmente manter o amor. Descansem e sintam a veracidade disso em seu coração. Atravessem o portal e ocupem seu lugar.

Bênçãos,
Os Pleiadianos.

7
Construindo Sua Comunhão Telepática com Grupos de Força Vital

A comunicação com todos os grupos de força vital na Consciência Coletiva põe fim a outro nível de separação dentro de seu Self. Existem muitos níveis possíveis de comunicação nos espaços multidimensionais que vocês navegarão. Cada aspecto dimensional para o qual vocês se abrem permite que outro nível de separação interna se dissipe.

Vocês passaram muitas vidas mergulhados na impotência por meio da ilusão do mundo tridimensional, mantendo seu Self separado do resto do Universo. Vocês desempenharam um papel passivo, meditando e esperando que as informações lhes fossem dadas ou que as respostas lhes fossem mostradas.

Agora esse estado de espera acabou, porque os véus da ilusão estão se levantando em seu planeta. Com isso, vocês agora podem acessar diretamente a comunidade universal e, através da Escolha Consciente, realinhar-se naturalmente com os Princípios de Vida. Seu lugar na Consciência Coletiva é muito mais do que a versão limitada que têm de seu Self. Por meio de sua experiência direta dessa capacidade de se comunicar telepaticamente com todos os grupos de força vital, vocês experienciarão rapidamente um aumento do poder próprio dentro do Self.

Somente por meio da conexão do coração vocês compreendem a grandeza dessa verdade e a ancoram na consciência de cada célula cardíaca.

Mas cada vez que vocês abarcarem essa verdade com o coração, mesmo que por um momento, ocorrerá uma aceleração interna e vocês experienciarão uma animação nas células cardíacas. Isso ocorre porque vocês estão ancorando em uma verdade dentro do momento, no instante mesmo em que saem da ilusão que os vêm aprisionando por muitas vidas. Vocês mudam sua percepção dimensional.

Já chega das ilusões tridimensionais que os mantiveram nos confins do planeta Terra por muitas existências! Já chega das restrições que vocês colocaram para si mesmos, mantendo-se pequenos e insignificantes. Vocês foram aprisionados na ilusão da terceira dimensão pelas rédeas do tempo, pelas limitações da crença na *deficiência* e pela desconexão com sua verdadeira natureza espiritual de criadores.

Agora chegou a hora de voar por um lugar atemporal, de terem todo o seu esplendor recebido e reconhecido por seu Self e uma vez mais sentir o amor e as conexões que alimentam e nutrem seu espírito por meio da reconexão com todas as energias de força vital nos Reinos Universais.

Por meio da ativação de sua energia cristalina, de seu centro telepático e do possível ancoramento de sua Energia do Molde, vocês podem se abrir para uma comunicação nos reinos universais e começar a explorar sua verdadeira essência. Saibam que é suficiente que vocês simplesmente estejam abertos à possibilidade de que esses aspectos multidimensionais do Self existam e de que essas energias de força vital sejam reais.

Quando vocês permitem se abrir para essas possibilidades e quando seus pensamentos se alinham com elas, um portal se abre para vocês. Vocês ainda são humanos, e isso faz parte de seu processo. Apreciem a dinâmica do seu ego dentro do processo. O relacionamento com seu ego precisa ser desenvolvido para que uma dinâmica transformadora aconteça, baseada no amor, na compaixão e na paciência. Isso faz parte de sua jornada para integrar o ego humano, criando uma ligação direta por intermédio do coração, indo de um relacionamento tridimensional baseado no ego para uma conexão da quarta/quinta dimensão pelo coração.

Existem muitos aspectos de seu Self a serem explorados e compreendidos nesse universo multidimensional, sabendo que dentro desses níveis existem experiências vastas a serem assimiladas. Há muitas alianças de reunião diferentes que os apoiarão na lembrança de verdades fundamentais e na capacidade de integrar completamente tais verdades.

Pede-se a vocês que vejam essa jornada como algo multidimensional e que permitam que seu Self exista em vários níveis de experiência à medida que as experiências vierem. Não tentem controlar ou manobrar suas experiências. Deixem que um processo de renascimento natural surja dentro de vocês. Soltem e conformem-se: não há nada a fazer. Não há nada que se possa tentar fazer. Simplesmente abram-se para experienciar o que está à sua frente e soltem. Pode haver momentos em sua jornada em que vocês acharão difícil receber o que lhes está sendo apresentado. Tentem não trabalhar com a mente do ego. Simplesmente saibam que tudo irá se desdobrar e vocês verão a verdade ao avançarem no tempo certo.

Lembro-me quando tive minha primeira experiência com a nave pleiadiana. Virei uma esquina que dava para um campo e ali, à minha frente, estava uma imensa nave espacial. Naquela época eu não acreditava em alienígenas e naves espaciais. Então um grupo de Pleiadianos começou a caminhar em minha direção, lembrando-me telepaticamente de meu pré-acordo de agir como Embaixatriz Pleiadiana aqui no plano terrestre. Pareceu-me que todo o meu mundo iria se estilhaçar.

Naquele momento, toda a memória do que eu concordara em realizar nesta vida retornou. Foi como se eu voltasse no tempo para o momento exatamente anterior àquele em que vim para este mundo e me lembrasse completamente de toda a minha essência. Naquele instante, reconheci que minha família pleiadiana estava à minha frente e entrei na posse da minha herança pleiadiana.

Foi um momento extremo de transformação, realmente demais até mesmo para a compreensão. A coisa mais difícil para mim foi que não podia ignorar a experiência. Foi muito radical. Levei muitos meses para aceitar quem eu era e o que tinha de fazer. Entrei em um estado de dissociação por um tempo, até que me deparei com uma verdade: os Pleiadianos são parte da Unidade, uma parte da consciência de Deus. Com essa compreensão, pude começar a cumprir minha missão completa. Levei algum tempo para aceitar a verdade e então levei mais algum tempo integrando minha poderosa experiência. Não podia avançar até que tivesse permitido que meu processo humano se desenrolasse completamente. Lembrem-

-se: levem o tempo que precisarem para permitir que todos os seus aspectos integrem as verdades conforme elas lhes forem reveladas.

Entendam que "lar" é um conceito do ego humano. Vocês precisam estar dispostos a abandonar todos os conceitos limitados, os apegos do ego e as cobranças constantes que o diálogo cria. Sua mente do ego contém uma forma energética limitada de lar. Seu verdadeiro lar não tem limitações nem fronteiras. Ele é vasto e belo, com espaço para conter todos os seus aspectos multidimensionais, seu Self.

Vocês precisam se libertar de conceitos sobre como essa jornada será, com o que se parecerá ou como vocês se sentirão. Cheguem sem expectativas e simplesmente permitam que a experiência aconteça em seu coração. Os Pleiadianos têm processos úteis, passo a passo, para ajudá-los a se abrirem em seu coração para completarem suas experiências multidimensionais.

Existem muitos níveis nessa jornada, e todos começam em seu coração. Há um lugar dentro de suas células cardíacas que leva à memória de lar. Se essa memória parecer dolorosa demais, intolerável, peço-lhes que respirem e permitam que a lembrança venha, mesmo que lhes cause dor. Vocês precisam conhecer essa dor, essa emoção, para voltarem ao seu lar. Isso acaba com um aspecto de separação para que vocês possam adentrar a verdade de sua própria jornada de retorno ao Self. Essa dor que rodeia o lar foi criada por uma percepção errônea das circunstâncias pela mente do ego. Por meio dessa lembrança vocês entrarão em um local pacífico, onde poderão continuar com sua missão. A dor tem de ser transmutada através de seu coração.

É necessário permitir-se ir além do lugar de separação, pois isso lhes dará acesso à frequência do lar, como se estivessem discando um número de telefone e se conectando. Porém essa frequência do lar é muito mais do que um número de telefone. Assemelha-se mais a uma configuração energética que os pluga a um fluxo de luz, que os leva às suas conexões natais. É essencial que vocês ancorem esse realinhamento através de seu coração. Isso construirá uma base firme de configuração para que vocês avancem e experienciem todos os estados multidimensionais do Self. Assim, sua jornada acontecerá e vocês poderão se realinhar com uma experiência verdadeira de conexão com o lar. É um ponto de partida muito importante para vocês.

Vocês precisam dessa configuração como base para darem o salto significativo de começar a se conectar a outros grupos de energia vital no Universo. Pede-se a vocês que ocupem seu lugar e façam sua parte. Isso só se torna possível se o "lar" for ancorado antes.

Encontrar a área dimensional em seu coração que tem a memória de lar não é difícil. Trabalharemos juntos, e, uma vez que ancorarem essas configurações em seu espaço do coração, vocês começarão a jornada em meio aos espaços dimensionais nele e se abrirão para experiências energéticas multidimensionais.

Por meio de um dos processos canalizados pelos Pleiadianos, vocês trabalharão com um aspecto dimensional de seu coração e também se alinharão ao seu centro telepático. A sinergia desses dois locais sagrados em vocês torna possível o seu movimento dimensional por meio dos aspectos do seu Self, onde vocês podem se guiar para o lar. Esse aspecto do Self se alinha por intermédio das energias combinadas do seu coração e do seu centro de comunhão telepática. O ancoramento no lar trará muitas mudanças poderosas para vocês. Seu senso de Self vai se transformar e vocês começarão a se alinhar com sua assinatura pessoal.

Uma vez mais, vocês estão em uma jornada de nascimento — vocês estão dando à luz seu próprio ser. Era desse modo que vocês estavam destinados a retornar para o lar. Saibam que vocês não farão isso sozinhos. Alianças energéticas estarão prontas a apoiá-los. Vocês concordaram previamente com a vinda dessas alianças e em receber o apoio delas no retorno para o seu lar. Existem muitas alianças para as quais vocês têm de se abrir antes de poderem se tornar elementos energéticos eficazes e ocuparem seu lugar completamente. Somente com sua conexão com o lar vocês podem desempenhar um papel mais ativo ao lado de outros grupos de força vital no Universo.

O plano sempre foi o de que, nessa vida, vocês teriam sua experiência humana e passariam para uma experiência de despertar consciente com seu aspecto divino, retornando ao Self.

Encontrando a Memória do Lar/Ancorando o Lar

Arquivo de Áudio: Capítulo 7
Arquivo de Áudio nº 1

Vejamos os processos energéticos que lhes darão acesso à área dimensional do coração que contém a memória do lar.

1. Envolvam todo o espaço de seu coração com as palmas das mãos. Entendam que o espaço de seu coração abarca toda a área física do peito e uma área além dele. Quando vocês colocam ambas as palmas em toda a área do peito, estão se interconectando com todo o espaço do coração, incluindo muitos aspectos multidimensionais dele. Ao abarcarem o centro do coração, abram-se para essa área multidimensional. Reivindiquem todos os aspectos dessa multidimensio-

nalidade, mesmo que vocês estejam em um nível do ego que ignore a existência desses espaços.

O reconhecimento da existência desses aspectos de seu coração é um passo muito poderoso. É uma ativação que começa a acontecer, um despertar. Lembrem-se: já se passou pelo menos uma vida desde que vocês trabalharam nesses espaços dimensionais do seu coração.

2. Fechem os olhos e levem sua Atenção Consciente ao centro do coração. Permitam que ela esquadrinhe todo o espaço. Isso pode levá-los a sair totalmente de sua forma física. Vocês estão em busca de uma abertura. Quer vocês a intuam, sintam ou vejam, é importante que não envolvam a mente nessa busca. Simplesmente soltem e deixem acontecer. Seu coração vai ajudá-los a encontrar a abertura.
3. Quando detectarem a abertura, levem seu coração a simplesmente tocá-la. Ao fazer isso, seu coração responderá de algum modo: expandindo-se, vibrando, pulsando, aquecendo ou movendo-se em padrões. Abram-se para a experiência.
4. Quando seu coração tiver respondido, vocês usarão um som sagrado: ANAE SHEAN. Sua frequência única nesse som será reconhecida e vocês serão atraídos para a abertura nessa configuração dimensional. Usem o som ANAE SHEAN até que se tornem unos com a energia dimensional.
5. Soltem e abram sua consciência nesse espaço dimensional. Respirem e se abram totalmente para essas energias. Há um código de pensamento que os leva para sua memória do lar, que os conecta. Soltem e enviem o código de pensa-

mento AE NAH. Lembrem-se: vocês devem inserir o código nesse espaço.

6. Esperem por uma resposta na área. Vocês sentirão um véu começando a se levantar. Talvez somente experienciem uma expansão de luz ou uma mudança de energia enquanto isso ocorre. Enviem o código de pensamento AE NAH enquanto o véu se levanta em outro nível. É como se uma luz se aproximasse ou se o sol começasse a mostrar sua luz no horizonte. Usem o código AE NAH uma vez mais. Sintam a energia dentro do espaço se abrir enquanto a luz se intensifica.
7. Continuem a se abrir para sua energia do lar enquanto ela é construída e enviada para vocês, saudando-os com sua estrutura de luz. Soltem e respirem.
8. Reivindiquem sua energia do lar ancorando esse espaço dimensional. Façam isso levantando a mão direita, com o polegar para fora. Vejam o Diagrama H, que mostra a postura da mão. Sintam-se sendo recebidos ao levantarem a mão direita. Vocês estão reconhecendo essa energia do lar e estão sendo reconhecidos.

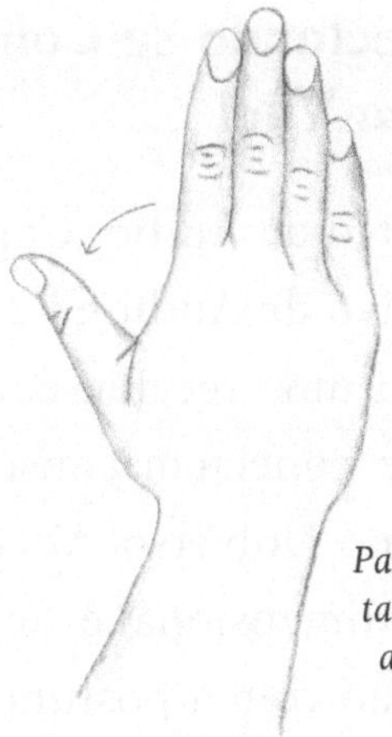

Palma voltada para a frente

Diagrama H

Pode ser que ocorra uma conexão de comunhão telepática; então, permitam que uma abertura por meio do centro do coração nasça nesse momento. Permitam essa experiência de nascimento dimensional através de vocês, respirem e soltem. Isso apoiará esse nascimento dimensional por meio do coração.

9. Levem toda a Atenção Consciente para a postura da mão uma vez mais e soltem. Vocês precisam permitir que o ancoramento completo aconteça. Levem todo o tempo necessário para completar o ancoramento antes de abaixarem a mão direita. Nota: essa postura é tanto um marcador dimensional quanto uma âncora dimensional, para que vocês possam retornar à sua energia do lar sempre que precisarem.
10. Abaixem a mão direita e voltem para o espaço completo com ambas as mãos no peito. Levem sua Atenção Consciente para seu espaço do coração. Respirem e soltem-se na abertura dimensional total em seu coração.

Conectando-se Conscientemente com Grupos de Força Vital

Arquivo de Áudio: Capítulo 7

Arquivo de Áudio nº 2

Há uma receita, com passos específicos, que permite que vocês se conectem conscientemente com qualquer grupo de força vital no Universo. Vocês já criaram um ancoramento no coração multidimensional e "marcaram" a posição do seu lar no espaço do coração com a postura da mão. Isso permitirá que vocês acessem sua conexão com o lar, construindo-a cada vez que a acessarem. Vocês também a usarão para criar uma configuração de base firme para sua jornada no Universo.

Agora vocês estão prontos para dar o próximo passo em direção à conexão e à abertura para uma comunhão sagrada com outros grupos de força vital no Universo. Vocês acessarão aspectos multidimensionais de seu Self ao fazerem isso. Essa é sua descoberta do Self!

Criando sua Configuração de Base

1. Juntem as palmas das mãos no centro de sua linha do coração (no esterno). Levem sua Atenção Consciente para onde as palmas se juntam e façam uma Respiração Consciente. Soltem e entrem no alinhamento, na abertura. Vocês podem sentir calor, formigamento, vibração, calma — soltem e vivenciem sua experiência. Levem o tempo que for preciso para construir esse espaço central. Vocês precisarão trazer à luz um núcleo forte para apoiar sua jornada por meio das configurações dimensionais.

   A cada Respiração Consciente, vocês devem soltar. A ação de "soltar" estabiliza seu núcleo. Sintam seu núcleo ancorando na terra, como as raízes de uma árvore. Continuem a soltar e permitam a expressão completa de seu núcleo. Vocês podem sentir, ver ou intuir seu núcleo, de maneira sutil ou forte. O modo como ele se apresenta não vem ao caso.
2. Levantem a mão direita para abrir seu centro telepático. Levem toda a sua Atenção Consciente para a postura da mão e usem a Respiração Consciente. Sintam o portal se abrindo e entrem nesse espaço. Respirem e se soltem nesse portal, sintam a energia se expandindo no espaço. Entrem nesse espaço e sigam a ponte, o caminho ou a linha que os conecta ao seu centro telepático. Vivenciem essa experiência.

Nota: agora vocês vão expandir dimensionalmente seu centro telepático. Agora estão prontos para isso. Vocês precisam que uma configuração dimensional diferente seja estabelecida em seu centro telepático para criar a sinergia correta para a configuração de base entre o centro telepático e a posição marcada do seu lar, no centro do coração.

3. Preencham seu centro telepático com sua Atenção Consciente. Usem a Respiração Consciente e se soltem no espaço total. Permitam toda a expressão do nascimento, soltando.

   Vocês colocarão um código de pensamento em seu centro telepático. Isso criará uma expansão dimensional. Vocês sentirão, talvez, seu centro telepático passando por uma metamorfose. Durante esse processo de nascimento, permitam a expressão total criada por meio do código de pensamento em seu centro. Insiram ali o código SUN EE SHAH. Respirem e soltem ao entrarem na transformação que está ocorrendo. Vocês deverão inserir o código três vezes. A cada vez, permitam toda a integração e o movimento em seu centro telepático. Essa expansão vai permitir que vocês criem conexões de comunhão expandidas, permitindo que acessem comunicações dimensionais mais elevadas no Universo.

4. Adotem a postura da mão que os liga ao lar. Levem sua Atenção Consciente para a energia daquela postura da mão. Esse é seu marcador do lar. Permitam que sua abertura telepática entre na posição da mão e na conexão completa com o lugar do lar. É possível que vocês sintam uma essência do lar levando sua conexão até a mão. Seu centro

telepático está aberto, de modo que vocês podem permitir que uma conexão expandida aconteça.

Simplesmente soltem e deixem correr a experiência dessa comunhão telepática. Sintam toda a sinergia entre seu centro telepático e o lar. Essa conexão está sendo forjada agora mesmo. Sua conexão de base está sendo criada.

5. Quando a conexão parecer completa, abaixem a mão direita. Voltem para a posição do núcleo, com as palmas das mãos juntas no centro de sua linha do coração. Levem toda a Atenção Consciente ao seu núcleo e integrem essa nova energia dimensional por meio de seu núcleo usando sua Respiração Consciente. Façam com que toda a Atenção Consciente se agrupe em todo o núcleo. Perceba que seu núcleo se expandiu com esse novo aspecto de sua luz.

Conectando-se com Grupos de Força Vital no Universo

Arquivo de Áudio: Capítulo 7

Arquivo de Áudio nº 3

Agora sua configuração de base foi estabelecida. Isso significa que vocês podem avançar e trabalhar diretamente com qualquer grupo de força vital com o qual sentirem alguma conexão.

Percebam que, ao estabelecer sua configuração de base, vocês podem se integrar a aspectos multidimensionais de seu Self sagrado. É essencial que vocês se mantenham abertos ao longo dessas experiências multidimensionais, compreendendo que o ego não tem ponto de referência dentro desses espaços. Decidam viver num espaço de aceitação das mais diversas experiências, *testemunhando*, e não comentando ou negando.

Configuração de Base

Sua configuração de base é a sinergia sagrada entre seu centro telepático expandido e sua posição marcada do lar. A postura da mão é mostrada no Diagrama H.

1. Comecem fazendo a ancoragem por meio de seu núcleo. Juntem as palmas das mãos no centro de sua linha do coração. Levem sua Atenção Consciente às palmas conectadas e sintam a abertura e a expressão de seu núcleo. Permitam que ele se construa e ancore na terra, como as raízes de uma árvore. Vocês precisam estabelecer um núcleo forte para avançarem pelos espaços dimensionais. Isso permitirá que vocês viajem dimensionalmente e fiquem em equilíbrio.

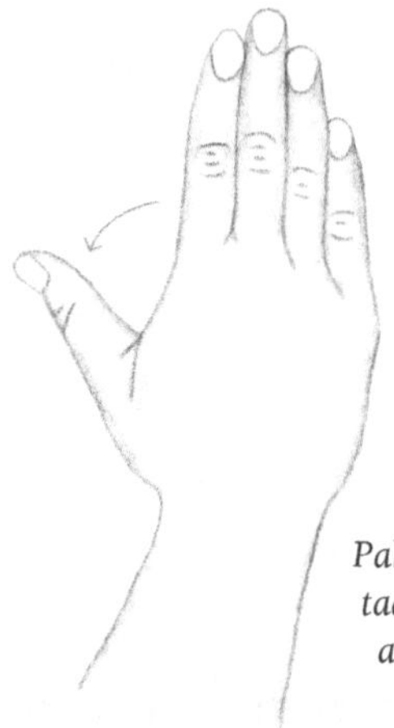

Diagrama H

2. Vocês ativarão sua configuração de base levantando a mão direita e afastando o polegar dos outros quatro dedos (vejam o Diagrama H).

   Levem toda a sua Atenção Consciente à postura da mão e entrem no portal. Respirem e soltem na energia, ancorando seu Self na conexão de sinergia. Vocês se tornam uma parte daquela sinergia e se abrem para a Unidade que existe ali. Levem o tempo que precisarem para estabelecer essa conexão. Continuem a levar sua Atenção Consciente para o espaço, aprofundando sua conexão.

3. Essa conexão os levará às configurações dimensionais na Consciência Coletiva. Para entrar nesse espaço, vocês usam um som que promove o avanço da sua frequência única, que é reconhecida em todo esse espaço. Uma porta se abre para levá-los a adentrar no fluxo existente ali, e vocês começam a tomar seu lugar. Usem o som EE SHAH TAH, mas acrescentem quantos sons precisarem até sentir que estão ocupando seu lugar no fluxo dimensional. Soltem e permitam-se experienciar. Sintam-se sendo recebidos e louvados.
4. Quando estiverem prontos a se abrir para uma aliança energética específica, voltem toda a sua Atenção Consciente para a postura da mão. Vocês se abrem imediatamente para toda a expansão de seu centro de comunhão telepática. Continuem a se alinhar com a energia em sua mão. Vocês sentirão uma energia de conexão vindo a seu encontro pelo alinhamento das mãos. Abram-se e experienciem completamente a comunhão.
5. Quando decidirem terminar essa conexão, abaixem a mão direita. Voltem para a posição do núcleo com ambas as palmas juntas no centro do coração. Vocês precisam se integrar completamente por meio de seu núcleo, certificando-se de que todas as partes de sua consciência voltem ao espaço do núcleo antes de terminarem.

Soltem e usem a Respiração Consciente. Houve uma transformação em seu campo energético e nas células de seu corpo. Permitam que as forças naturais os apoiem na integração dessas energias expandidas. Deitem-se ou sentem-se na terra.

Ao dar esse passo de conexão com outra aliança de energia por meio da comunhão telepática, saibam que estão dando um grande passo à frente com seu Self. Por meio dessa comunhão sagrada, uma metamorfose acontece nas células do seu coração, pela troca de amor contida no ato de comunicação. Cada vez que escolherem a forma de comunhão telepática, essa transformação se efetuará. Honrem seu Self com esse passo poderoso!

Amados,

Saudamos a cada um de vocês com amor. Compreendam que, ao avançarem na transformação, cada célula de seu corpo se alinhará com uma nova verdade. Isso faz com que a ilusão os abandone e as células de seu corpo, no momento da escolha, se transformem e se realinhem.

Tudo o que é necessário para que a verdadeira transformação aconteça é um momento de escolha. A escolha consciente de se abrir, confiar e receber é a única coisa necessária para sua mudança. As portas agora estão abertas para vocês. Façam a escolha e se soltem. Entrem na energia da abertura à sua frente. Esse alinhamento vai levá-los ao lar, vai levá-los a seu Self. Nós os testemunhamos.

Com amor,
Os Pleiadianos.

8
Agroglifos

Amados,
Vocês estão sendo guiados sutilmente de um mundo a outro, e esse é um processo com propósito que os leva a se alinhar com a Verdade. Mas que dádiva vocês estão vivenciando... Entendam que vocês são parte da dádiva que está se desdobrando agora.

Bênçãos,
Os Pleiadianos.

Os agroglifos são formações geralmente encontradas nas plantações de cereais. Eles são criados pelos Pleiadianos. Nascem por meio de uma alta frequência de luz e som e são criados com padrões sagrados, energeticamente projetados para ajudá-los neste período do Novo Alvorecer. Por meio de uma tecedura sagrada que os agroglifos estão fazendo, uma nova rede de circuitos de luz e vórtices energéticos está se abrindo no plano terrestre. Essa nova avenida de luz está sendo ancorada no planeta Terra para que cada um de vocês tenha uma oportunidade acelerada de avançar em seu processo de iluminação neste período. A formação dessa rede energética foi feita para apoiar a mudança de seu planeta, evoluindo para uma consciência de quarta e quinta dimensão. Os agroglifos foram feitos já com o propósito de entrar em seu estado completamente desperto e desempenhar um papel central na profunda evolução dinâmica da Terra que está acontecendo neste período.

Eles foram colocados estrategicamente no planeta em preparação para este período do Novo Alvorecer. Suas formas multidimensionais e geométricas trazem desenhos sagrados que contêm conhecimentos antigos, para serem acessados e usados. Eles contêm códigos de despertar para todos os seres humanos. Contêm a plataforma para a transformação completa da Terra e para o despertar de todos os seres humanos e contêm todo o mapa energético da forma completa deste período do Novo Alvorecer.

Existem camadas dimensionais de círculos de luz em cada agroglifo. Em cada camada existem padrões geométricos intrincados que constituem os círculos individuais. Todos os agroglifos interagem entre si e criam uma sinergia dinâmica e poderosa que faz nascer uma força de luz, a qual cria um portal por meio do qual a Consciência Coletiva é canalizada. Isso prepara o terreno para que todas as forças vitais do plano terrestre nasçam com um novo potencial de regeneração.

A luz dos agroglifos sagrados contém um estado puro de verdade que leva o despertar do plano terrestre a novos reinos. Existem muitos projetos de configuração dimensional nos agroglifos que contêm os projetos de ativação para o despertar e a transformação do ser humano. Por meio dessas configurações de matriz dimensional, alianças ancestrais dimensionais são forjadas com certos grupos de força vital no Universo, reunindo aquelas alianças energéticas de pré-acordos entre alguns seres humanos e aqueles seres dos reinos de luz na Consciência Coletiva.

Os agroglifos trazem um despertar dinâmico para que vocês e o plano terrestre atinjam todo o seu potencial. Tudo está pronto para que eles transmitam e abram os níveis de energias dimensionais necessários para a rápida transformação da consciência no planeta Terra. Eles mantêm os portais abertos para que vocês comecem a se realinhar com os Princípios de Vida. Ao serem ativados, esses Princípios de Vida ancoram uma nova frequência dimensional no plano terrestre. Por meio dessa frequência os agroglifos começam a desempenhar um papel significativo, criando uma série de realinhamentos com todos os sítios megalíticos no planeta. Todos os sítios megalíticos são feitos de pedra. Os sítios megalíticos são locais sagrados, como Stonehenge ou as Grandes Pirâmides. Parte do propósito energético dos agroglifos consiste em realinhar todos os sítios megalíticos com a forma original, pura e sagrada que tinham quando inicialmente nasceram no plano terrestre. Uma energia pura de consciência se abre por meio de cada forma megalítica sagrada, com a finalidade de manter uma base de luz por intermédio da tecedura sagrada para apoiar a transformação que está ocorrendo com vocês e com o planeta.

Os agroglifos funcionam como catalisadores, abrindo uma série de linhas de força de luz, criando uma série de circuitos energéticos entre eles mesmos e todos os sítios megalíticos. Imagine essa tecedura energética sendo formada em torno de seu planeta enquanto todos os agroglifos e todos os sítios megalíticos se interconectam. Essa rede transformadora funciona como um ventre para as mudanças físicas e dimensionais da terra, criando uma estabilidade contínua para que as novas aberturas dimensionais nasçam no plano terrestre. Esse ventre dimensional também apoia vocês na evolução para um novo nível de sua essência, por meio do nascimento transformador de sua estrutura cristalina.

Os agroglifos vão continuar a se expandir e transmitir frequências de luz, alinhando a Terra e participando do despertar de cada um de vocês, de seu nascimento e de sua redefinição durante esse período de mudanças. Há um elemento de geometria sagrada nesses agroglifos que está ativando os Portais Estelares nas Grandes Pirâmides do Egito. Esses Portais Estelares estão criando portais energéticos no plano terrestre para ajudar a ancorar circuitos dimensionais e também para funcionarem como transmissores energéticos para a ativação da nova estrutura cristalina de vocês. Os Portais Estelares também foram criados para servir como uma fonte de energia luminosa durante o período de mudanças em seu plano terrestre. Com as muitas mudanças físicas que acontecerão, esses Portais Estelares vão lhes fornecer um equilíbrio energético enquanto vocês estiverem passando pelas mudanças energéticas em seu sistema.

Os Portais Estelares também constituem um portal energético por onde as energias estelares podem adentrar o plano terrestre para ajudá-los durante esse período de transformação. O Portal Estelar funciona como uma passagem para aqueles dentre nós que fizeram pré-acordos de conexão com as energias estelares. Isso permite que vocês atravessem o Portal Estelar para fazerem reconexões e comunicações sagradas, necessárias para que vocês cumpram as missões que lhes estão destinadas.

A passagem de um planeta da terceira dimensão para um planeta de quarta/quinta dimensão cria um enorme movimento energético, trazendo uma grande mudança para a frequência de luz na Terra. É necessário um período de ajuste muito grande, para que todas essas frequências de luz ancorem e se integrem completamente no planeta.

Com essa ressurreição do plano terrestre, a frequência de luz no planeta aumentará, e isso produzirá uma discrepância energética entre áreas densamente povoadas da Terra e essa frequência de luz. Esses bolsões de densidade precisam ser aliviados e transformados por meio de algumas mudanças físicas e nascimentos na Terra. Em todo nascimento há intensidade. A Terra precisa voltar a ter equilíbrio. Para chegarmos ao equilíbrio necessário, o plano terrestre precisará passar pelo reposicionamento de algumas formas de terreno. Isso criará um novo equilíbrio físico e energético no planeta. Cada um de vocês precisa se abrir para sentir o lugar certo para se colocar fisicamente no plano terrestre. Vocês podem confiar em seu posicionamento e saber que tudo está ao seu alcance durante esse período poderoso de transformação, em que essa aceleração de energia está ocorrendo no plano terrestre. Há uma nova essência de luz surgindo no planeta. Essa essência de luz está aqui para apoiá-los em sua ressurreição.

Os agroglifos estão posicionados de modo a dar apoio e estabilidade enquanto vocês passam por seu processo de renascimento. Eles também estão colaborando com o alinhamento com os Portais Estelares que foram reativados nas Grandes Pirâmides e nos sítios megalíticos para criar uma série de circuitos dimensionais que permitem que a Terra continue equilibrada durante esse renascimento.

Os vários círculos de luz sagrados dentro de cada agroglifo contêm a matriz completa para as mudanças terrestres. Esses círculos de luz expandem a consciência do planeta e contêm os códigos decifrados de transformações e compreensões para esse período. Quando estiverem prontos, muitos de vocês terão acesso a esses códigos. Eles serão reconhecidos por aqueles dentre vocês que desempenharão o papel de criar circuitos individuais para processos específicos de nascimento no plano terrestre.

Alguns de vocês — como parte de sua missão — têm um trabalho específico a fazer na criação de vórtices energéticos e de realinhamentos por meio dos rios e das montanhas. Alguns de vocês terão de interagir com os agroglifos e canalizar informações deles. Alguns têm um papel a desempenhar no ancoramento e nos hologramas de frequências de luz necessários para a transformação em curso.

Cada um de vocês faz parte de uma equipe divina, e como grupo todos nós fazemos parte desse Plano Maior. Cada um de vocês está fazendo sua parte, quer estejam conscientes disso, quer não. Estão fazendo o que tem de ser feito. Estão trabalhando por intermédio de sua orientação interior, alinhando-se com seus grupos anímicos, ancorando vórtices e trabalhando com o poder da Natureza. Saibam que estão fazendo seu trabalho e desempenhando um papel essencial na transformação de seu planeta. Vocês estão fazendo uma enorme diferença!

Os Pleiadianos propiciam as ferramentas que permitirão que vocês acessem as informações e apresentam um processo passo a passo para que vocês iniciem as ativações. Os agroglifos contêm os códigos para que vocês despertem para suas matrizes energéticas. Existe também uma série de códigos de despertar que estão sendo ativados por meio de uma frequência sonora proveniente dos agroglifos. Vocês podem começar a acessar esses sons de alta frequência por meio de sua estrutura cristalina. Esses sons são feitos para ativar e dar à luz alinhamentos energéticos através de suas células para que vocês continuem a se integrar à energia dimensional que está se expandindo no planeta.

A frequência sonora criada pelos agroglifos é responsável por criar um entrelaçamento de energia em diferentes áreas do plano terrestre. O entrelaçamento é responsável pela construção de novas estruturas dimensionais para conter a mudança de consciência em nosso aspecto humano. Essa estrutura está mantendo uma plataforma para a mudança no relacionamento que vocês precisam ter com sua humanidade, com relação à mente do ego. Esse é outro passo a se dar para acabar com a separação interior em seu Self.

Lembrem-se: este é o momento de vocês desempenharem um papel mais ativo e conscientemente escolherem avançar, para trabalhar com seus códigos, ativando-os conforme eles forem disponibilizados para vocês. A ativação desses códigos vai conectá-los a novos aspectos dimensionais de seu Self e começará a alinhá-los mais profundamente com a energia de sua missão. Isso permitirá que vocês fluam naturalmente e se tornem partes ainda mais essenciais para o nascimento multidimensional dessa nova consciência à medida que ela for evoluindo no plano terrestre. Vocês são uma dádiva para o mundo.

Suas células passarão por uma transformação com a ativação dos códigos em seu corpo. Vocês darão à luz uma nova vibração quando começarem a se alinhar com a energia da Terra através de sua consciência em expansão, à medida que vibram em sintonia com a energia terrestre. Essa frequência vibracional é seu novo alinhamento com os portais para a conexão universal e para os Princípios de Vida sagrados. Essa vibração contém uma frequência de amor que traz uma nova força vital. Ela colabora com o alinhamento e o ancoramento das mudanças dimensionais no planeta. À medida que sua frequência vibracional se expande, vocês serão capazes de ocupar um lugar mais consciente na Consciência Coletiva por causa de seu alinhamento com os Princípios de Vida.

Vocês estão aqui para experienciar a reconexão, e os agroglifos contêm as chaves para um despertar de luz que não era acessível antes. Eles estão transmitindo códigos de despertar por meio de sua estrutura cristalina. Vocês podem se abrir e conscientemente começar a interagir com os agroglifos agora. Mais uma vez, tudo diz respeito à sua escolha consciente de honrar o acesso às suas matrizes com a ajuda dos agroglifos.

Os agroglifos contêm a energia da matriz individual de cada ser humano neste plano terrestre. Com o progresso de vocês nesse trabalho, os agroglifos se tornam mais ativos em seu papel de ajudá-los em seu processo de nascimento. A energia deles vai ajudá-los a se guiar durante as mudanças terrestres.

Agora vamos falar sobre a matriz de cada um de vocês. O que é essa matriz? A matriz, sua matriz energética, é algo que vocês concordaram previamente em cumprir, antes de virem para esse plano terrestre. Em dado momento, antes de virem para esse plano terrestre, vocês fizeram um projeto a ser realizado e terminado aqui durante essa vida. Esse projeto contém todas as lembranças da plenitude de sua essência e de sua energia, toda a autenticidade de seu espírito.

A matriz que vocês criam pode ser comparada a um mapa. Esse mapa contém tudo o que vocês escolheram para si mesmos para ser realizado nessa encarnação, incluindo sua missão para esta vida. Também contém o modo como vocês escolheram viver no nível energético. Isso influencia a direção em que aquelas escolhas os levam e as experiências que vocês decidem aceitar. A matriz contém, ainda, tudo o que vocês querem para si mesmos em sua evolução na jornada desse plano terrestre. Uma vez que vocês completarem o que está contido energeticamente em seu projeto, sua vida chegará ao fim neste plano. Compreendam que vocês não podem estar neste plano sem uma matriz ativa. Quando a matriz estiver plena ou completa, vocês darão o próximo passo e deixarão o planeta.

Em meu primeiro livro, contei a experiência de completar minha matriz e criar uma nova enquanto era amparada pela Mãe Maria. Quando vocês criam uma matriz, primeiro desenham a perfeição com todos os aspectos de sua alma espiritual, de seu Self divino. Esse é o receptáculo e o revestimento do receptáculo. Depois, vocês colocam dentro do receptáculo tudo o que desejam alcançar e viver durante sua jornada no plano terrestre. O revestimento contém o amor, a verdade e a integridade de seu Self espiritual, e então sua jornada é colocada dentro do receptáculo para que vocês sempre estejam contidos dentro desse espaço.

Cada um de vocês é sempre envolvido por esse amor e essa compreensão puros de sua jornada. Sempre. Sua Matriz tem isso como base a ser acessada por vocês. Chegará a hora em que vocês irão naturalmente se abrir para o revestimento de seu receptáculo. Estou recebendo uma imagem dos primeiros momentos da manhã, quando o sol está nascendo e há apenas uma luz muito tênue no horizonte. Tudo o mais está escuro. E essa luz precisa ser filtrada através de vocês, muito lentamente, para que vocês possam recebê-la. O "gotejamento" dessa luz já começou; de maneira muito acanhada, ela já começou a chegar a vocês. Essa energia é muito bela e toca meu coração. Há um amor imenso, e esse é o próprio amor que os envolve.

Neste momento, os agroglifos estão prontos para liberar e ativar a matriz energética de vocês, para que possam relembrá-la e se alinhar com sua energia de luz original. Há uma série de códigos sonoros energéticos que ressoam com os desígnios sagrados deles. A estrutura cristalina de vocês foi criada para que os agroglifos possam atuar eletricamente com vocês por intermédio dela, transmitindo e ativando seus códigos de matriz através de vocês. Para que o agroglifo transmita os códigos de matriz, vocês precisam estar em seu centro telepático para recebê-los. Com essa conexão estabelecida entre vocês e os agroglifos, vocês começarão a ativar seus códigos de matriz por meio do uso do som sagrado. Então, receberão a energia de seus códigos no corpo e no campo energético. É por meio de sua estrutura cristalina que vocês conseguirão integrar a energia dos códigos de matriz e ancorar essas formas de luz através de suas células.

A estrutura cristalina sempre passa por novos níveis de ativação quando vocês se alinham com os agroglifos. Essas ativações criam uma regeneração contínua nas células de seu corpo, e elas começam um processo de autocura. Esse é um processo natural. Vocês estão reemergindo, voltando a um nível de consciência de luz por intermédio do Self. Isso faz parte do plano maior que vocês vieram pôr em ação aqui no plano terrestre.

Então vocês estarão prontos para se juntar à tecedura sagrada, com todos os sítios megalíticos e agroglifos do planeta por meio de sua capacidade de comunhão telepática. Isso fará nascer em vocês outro nível dimensional da sua conexão com a Consciência Coletiva. Esse é um passo monumental. Vocês passarão por uma poderosa metamorfose.

Essa metamorfose vai prepará-los para trabalhar com uma série de frequências expandidas de luz que estarão ancorando em seu plano terrestre com o passar dos anos. Essas energias fluidas de luz vão criar e trazer um novo nível de som que será ativado e concebido no planeta Terra. Essas frequências sonoras vão introduzir uma nova era à medida que sua estrutura cristalina for ativada em novos níveis dimensionais. Para muitos de vocês, isso criará um estado desperto de recordação.

Ativando seu Projeto Sagrado

Arquivo de Áudio: Capítulo 8
Arquivo de Áudio nº 1

Os agroglifos atuam em íntima associação com as energias pleiadianas e lemurianas. Aqui vocês ativarão níveis de sua matriz pessoal e ativarão novos níveis de sua estrutura cristalina. Vocês receberão muito poder se chamarem os Pleiadianos e os Lemurianos para ajudá-los nesse processo de integração.

Para trabalhar com o agroglifo vocês precisarão de:

- Desenho de um agroglifo.
- Forma Codificada A.
- Som Sagrado: KEE.

1. Juntem as palmas das mãos no centro da linha do coração (no esterno). Levem a sua Atenção Consciente para onde as palmas se encontram e façam uma Respiração Consciente. Soltem e alinhem-se, entrem na abertura. Sintam a abertura de seu núcleo e permitam-se ancorar, como as raízes de uma árvore na terra.
2. Levantem a mão direita para abrir seu centro telepático.
3. Expandam sua conexão telepática, levando a Atenção Consciente até sua postura de mão e entregando-se ao

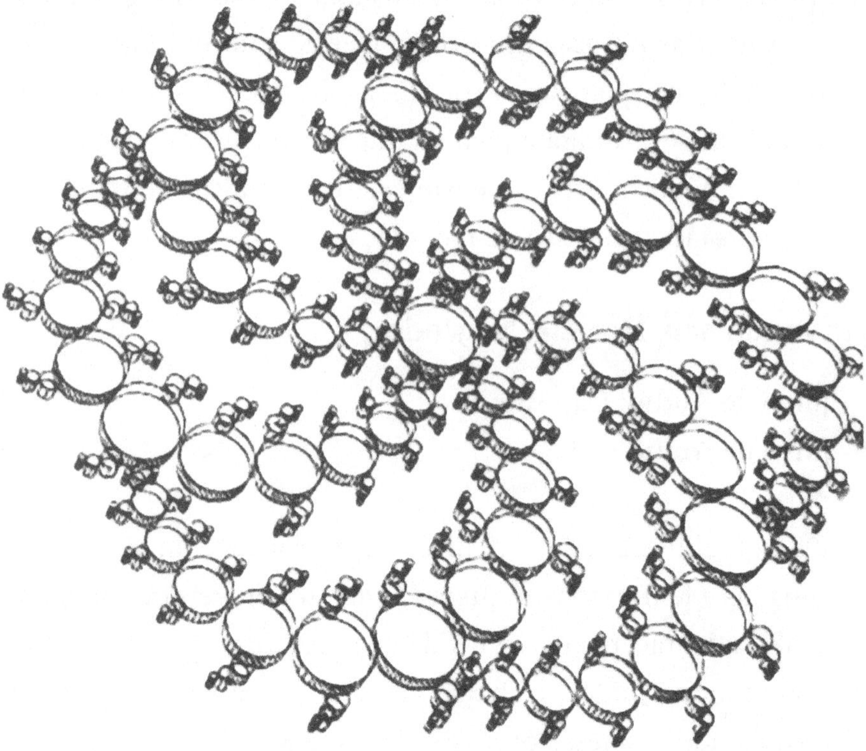

Forma Codificada A

Forma Codificada B

Diagrama I

fluxo. É por meio desse "soltar" que um alinhamento mais profundo pode ocorrer em seu centro telepático.

4. Há uma Forma Codificada A em sua página dos agroglifos (vejam o Diagrama I na página 156). Para se abrirem para a Forma Codificada, vocês devem direcionar sua Atenção Consciente para a Forma Codificada A. Levando toda a Atenção Consciente à Forma Codificada A, vocês a sentirão sendo absorvida por seu centro telepático. Respirem e soltem.
5. Levem sua Atenção Consciente à posição central do agroglifo. Coloquem a Forma Codificada A, do seu centro telepático, na posição central do agroglifo. Sintam a Forma Codificada sendo absorvida de seu centro telepático pelo agroglifo. Sinta o portal dimensional se abrir para você dentro do agroglifo. Simplesmente soltem e permitam-se entrar no portal. Agora é a hora de não fazer nada, simplesmente Ser, e permitir toda a experiência dessa luz multidimensional que está nascendo por intermédio de vocês e de sua estrutura cristalina.
6. Respirem e sintam as linhas de energia se abrindo entre vocês e o agroglifo. Sintam-se sendo recebidos. Abram-se para essa comunhão. Permitam seu processo de nascimento, como quer que ele se apresente.
7. Quando estiverem prontos para receber a ativação da sua matriz pessoal:
   - A. Coloquem uma das mãos no centro do coração e fiquem na energia do agroglifo.
   - B. Usem o som KEE. Com isso, um espaço energético se abre dentro do agroglifo e vocês recebem um nível da energia da sua matriz por meio de uma onda de luz que

vem do agroglifo para vocês. Aqui vocês precisam receber a ativação por intermédio de si mesmos. Lembrem-se: um espaço energético se abre quando vocês usam o som. Esperem que uma abertura total aconteça, vendo, sentindo ou intuindo a energia do espaço, e então se soltem naquele espaço para se alinharem. Somente então vocês podem se abrir para receber conscientemente os códigos de matriz. Não apressem sua integração.

C. Usem o som KEE. Cada vez que vocês usarem o som KEE, ele os levará a outro nível de acesso à sua energia de matriz. Soltem e abram-se para recebê-la. Integrem-se e soltem, permitam seu processo de nascimento. Lembrem-se: existem dois processos de nascimento ocorrendo — sua estrutura cristalina está nascendo e vocês estão ativando seus códigos de matriz.

D. Quando vocês se sentirem completamente alinhados com essas ativações, direcionem sua Atenção Consciente para a postura de mão. Esperem até sentir toda a consciência indo para a mão. Então voltem para seu núcleo, com ambas as mãos no centro da linha do coração, ancorando-se por meio de seu núcleo. Respirem e continuem a soltar, permitindo que todos os alinhamentos se integrem por intermédio de vocês.

E. Vocês usarão um som sagrado através de suas células para integração. Tornem-se o som, sintam-no banhando suas células. Soltem e Sejam. Isso os ajudará a integrar seus códigos de matriz através de suas células e de seu campo energético.

Som sagrado: ANAH EE. Continuem a usar esse som até sentirem uma integração interior completa.

Alinhando-se à Tecedura Sagrada

Arquivo de Áudio: Capítulo 8

Arquivo de Áudio nº 2

Vocês estão prestes a dar um grande passo. Saibam que vocês têm total apoio enquanto entram na tecedura sagrada. Saibam também que têm um lugar dentro dessa tecedura, porque ela se alinha e se move através da Consciência Coletiva, da qual vocês fazem parte. Uma vez que vocês entrarem nessa aliança sagrada, terão uma conexão mais ampla com os agroglifos, e seu centro de comunhão telepático passará por outra expansão dimensional profunda.

Vocês precisarão de:

- A página do agroglifo.
- Forma Codificada B.
- Som Sagrado: ANAH EE.
- Código de Pensamento: EE NAE.

1. Juntem as palmas das mãos no centro da linha do coração (no esterno). Levem sua Atenção Consciente ao local em que as palmas se encontram e façam uma Respiração Consciente. Soltem e entrem no alinhamento, na abertura. Sintam a abertura de seu núcleo, permitam-se ancorar, como as raízes de uma árvore na terra. Usem o Som Sagrado ANAH EE.

   Isso vai expandir seu núcleo para outro nível dimensional e ativar outro nível de seus códigos de matriz, que estão prontos para se iniciarem na tecedura. Continuem usando o som até sentirem que a energia não está mais aumentando dentro de seu núcleo.

2. Levantem a mão para abrir seu centro telepático.
3. Expandam sua conexão telepática, direcionando a consciência para a postura da mão e soltando. É por meio desse "soltar" que um alinhamento mais profundo pode ocorrer em seu centro telepático. Coloquem o código de pensamento em seu centro telepático: EE NAE. Isso abrirá o centro telepático em outro nível. Levem toda a sua Atenção Consciente para aquele espaço.
4. Há uma Forma Codificada B na página do agroglifo, no Diagrama I da página 156. Para se abrirem à Forma Codificada, direcionem sua Atenção Consciente para a Forma Codificada B. Levando toda a Atenção Consciente à Forma Codificada B, vocês a sentirão sendo absorvida pelo seu centro telepático. Respirem e soltem.
5. Direcionem sua Atenção Consciente para o ponto central do agroglifo. Então passem a Forma Codificada B de seu centro telepático para o agroglifo. Sintam a passagem dimensional se abrindo para vocês dentro do agroglifo. Simplesmente soltem e permitam-se entrar na abertura da conexão com a tecedura. Abram sua Atenção Consciente por meio dos fios da tecedura, seguindo o fluxo.
6. Respirem e sintam as linhas de energia se abrindo por meio dos fios da tecedura. Sintam seu Self sendo recebido, abram-se para essa comunhão. Soltem e permitam toda a expansão dentro dessa comunhão energética, como quer que ela se apresente. Agora respirem e abram-se para o som. Esse é um som Universal; ao produzirem-no, vocês serão reconhecidos e recebidos aqui em um nível diferente.

   Som Sagrado: EE. Expandam o EE e soltem. Sintam-se sendo recebidos mais profundamente na comunhão telepática da Unidade. Permitam seu processo de renascimento, soltando. Abram-se para outro nível desse som universal. EE. Expandam o EE e sintam-no passando através de vocês, aprofundando-os nessa experiência de comunhão. Agora vocês estão prontos para realmente soltarem-se no som. EE e simplesmente Sejam.

Nesse espaço de ser, suas energias estão sendo alinhadas com o seu lugar na tecedura. Sintam seu lugar e soltem, permitindo-se ancorar em seu lugar. Talvez vocês tenham a impressão de estar viajando pelo espaço; simplesmente Sejam e sintam a experiência. Quando estiverem conscientes de que seus alinhamentos nessa teia estão completos, levem sua Atenção Consciente de volta para a postura da mão.

7. Esperem até que todos os aspectos de sua Atenção Consciente estejam de volta à sua mão. Então entrem na posição de núcleo, com ambas as palmas juntas no centro de seu coração, ancorando-se por meio de seu núcleo. Respirem e continuem a soltar, permitindo que todos os alinhamentos se integrem por intermédio de vocês. Deixem-nos ancorar como as raízes de uma árvore através de vocês.
8. Vocês vão usar um som sagrado em todas as suas células para a integração do processo. Tornem-se o som, sintam o som inundar suas células. Soltem e Sejam. Isso vai ajudá--los a integrar a energia do seu lugar dentro da tecedura sagrada. A energia vai se expandir, e o mesmo acontecerá com essas novas conexões através de suas células e de seu campo energético.

Som Sagrado: ANAH EE. Continuem usando esse som até que a integração pareça completa dentro de vocês. Os passos que vocês dão nesse momento, enquanto trabalham com o agroglifo e assumem seu lugar na teia sagrada, são um momento de virada na vida de vocês. Com essas jornadas sagradas e poderosas, novos caminhos são abertos no aspecto multidimensional de seu Self. Sei que, quando entrei nesses alinhamentos, minha vida mudou de muitas maneiras. Foi como se eu me tornasse parte dessas energias sagradas do Universo. Senti um novo senso de pertencimento e, mais importante, dentro de mim havia a sensação de que eu estava retornando ao meu lugar especial. Finalmente fui capaz de descansar em mim mesma, sabendo que uma reconexão havia sido feita e não havia nada mais a fazer. Fui ligada a um fluxo de conexão, um fluxo de luz, e eu pertencia a esse fluxo. Apoio vocês com amor e honro tudo o que vocês são neste momento.

Amados,
Nós os saudamos. Conclamamos suas energias para que nos acompanhem neste momento decisivo do plano terrestre. Conclamamos seus corações para desempenhar seu papel agora, neste momento extremamente transformador. Nós os conclamamos para estarem presentes neste momento com o Self, dispondo-se a dar um passo à frente em seu caminho, com consciência e coragem.

Acalmem-se e saibam que dentro dessa calma muita coisa pode ser revelada a vocês.

Soltem e acalmem-se. Deixem-nos apoiá-los na quietude do seu coração.

Reservem um momento para simplesmente Ser. Deem um passo para fora do tempo e juntem-se a nós no amor.

Bênçãos,
Os Pleiadianos.

9
A Matriz Sagrada

Há muito tempo os Pleiadianos vêm posicionando os agroglifos estrategicamente por todo o plano terrestre. Com esta era do Novo Alvorecer, os agroglifos começaram a desempenhar plenamente seu papel. Parte desse papel consiste em nos propiciar as energias sagradas da Matriz. A Matriz nasce da consciência multidimensional dos agroglifos e existe para nos dar acesso a códigos de redespertar.

Agora que os agroglifos ancoraram a tecedura sagrada pelo planeta, vocês já podem trabalhar dentro da Matriz sagrada. A tecedura sagrada é como um ventre energético que os apoia em seu processo de renascimento dentro da Matriz. Esse processo dentro da Matriz permite que vocês avancem em seu processo de despertar, realinhando-se com os Princípios de Vida.

Os agroglifos criaram a configuração energética para que a Matriz pudesse operar e funcionar plenamente. As fontes da Matriz vêm de dentro das camadas multidimensionais dos agroglifos, e esta tem uma consciência energética própria. A Matriz se manifestou por causa da energia e da presença dos agroglifos no plano terrestre.

A Matriz é constituída por uma série de projetos holográficos sagrados criados para proporcionar experiências energéticas únicas a vocês. Esses projetos atuam em alinhamento direto com os agroglifos para criar um despertar de proporções divinas para todos os seres humanos. Por meio dessas experiências diretas, vocês podem ter uma compreensão e uma clareza mais profundas do processo interior de seu Self.

Os projetos holográficos são de natureza sagrada e trazem a essência pura de luz por meio da qual vocês podem renascer. Os hologramas foram criados para serem usados por vocês, mas vocês só conseguem utilizá-los se houver uma qualidade autêntica de amor presente, que é reconhecida por seu Self. Esse estado mais elevado do Self, esse aspecto de amor que está vivo dentro de vocês, possibilita que recebam essa série de experiências de nascimento que estão para acontecer. Por meio dessas experiências de transformação dentro da Matriz, vocês oferecem a seu Self um conhecimento de quem vocês são dentro das energias coletivas.

Os projetos holográficos únicos da Matriz criam ferramentas poderosas para o aprendizado, fazendo com que vocês renasçam e se conectem à configuração energética do seu próprio Self multidimensional. Por meio de uma série de experiências de aprendizado na Matriz, vocês ganham uma compreensão de como atuar dentro do processo energético de sua multidimensionalidade. Em seguida, começam a integrar essas formas de Self. Por meio desse processo de integração, começam a utilizar conscientemente essas energias expandidas de luz que ancoraram em suas células.

O objetivo desse processo é permitir que vocês ancorem as experiências dentro das células de seu corpo. O nascimento celular é o que permite a vocês aproveitarem completamente as experiências em sua vida. Essa é uma via transformadora que vai se infiltrar aos poucos em sua consciência, reativando aspectos de sua intuição e do funcionamento mais elevado de seu Self.

A Matriz foi criada especificamente para que vocês tivessem uma série de experiências sagradas diretas, para conhecerem e compreenderem os aspectos sagrados de seu Self dentro de sua experiência ilimitada. Vocês serão então capazes de se abrir mais completamente para a conexão com seu ambiente dentro das energias coletivas do Universo, ancorando as energias da experiência do despertar em toda a sua estrutura cristalina. Essas experiências e conexões que vocês formam dentro da Matriz se tornam um aspecto natural permanente de sua estrutura energética. Vocês vão fazer nascer uma nova estrutura dimensional interna para abrigar níveis energéticos mais elevados de sua frequência de luz. Cada jornada na Matriz lhes dá uma noção maior do Self por meio dessas jornadas variadas e das experiências diretas.

A Matriz traz em si elementos dos chamados "códigos de despertar", que contêm a energia da criação. A Matriz tem o propósito único de ancorar os espaços dimensionais e conter uma série de códigos de despertar em formas holográficas. Essas formas são atemporais e ilimitadas, e o trabalho de vocês é ativar cada série de códigos de despertar matriciais. Vocês então farão uma jornada por meio das câmaras da Matriz para ativar e integrar seus códigos de despertar e, ainda mais importante, se abrirem para suas energias de existência verdadeira que estão contidas nos códigos de despertar.

O que quero dizer com "existência verdadeira" é que, dentro das câmaras da Matriz, vocês podem ter experiências de muitos aspectos dimensionais de seu Self autêntico. Por meio de uma série de códigos de despertar, vocês podem entrar em uma forma verdadeira de experiência do Self. Todas as suas experiências da Matriz podem ser contidas energeticamente em sua estrutura cristalina para serem usadas no futuro. Sua estrutura cristalina tem a capacidade de conter os seus muitos aspectos multidimensionais e também de conter alinhamentos energéticos e formas de seu lugar dentro da Coletividade.

Existem muitas perspectivas multidimensionais com as quais vocês precisam se alinhar, muitos aspectos da verdade que se referem a como o Universo funciona realmente. Dentro das jornadas da Matriz, vocês podem experienciar isso segundo a perspectiva verdadeira, em vez de conhecer essas coisas pelo ponto de vista limitado e tridimensional do ego.

Existem muitas coisas de seu processo que você não entendem agora, e sem essa compreensão vocês ficam limitados. Os códigos de despertar os reconduzem à lembrança. Isso permitirá que vocês se abram agora dentro desse Novo Alvorecer e simplesmente Sejam, ancorados em seu Self com a memória completa dentro de suas células. Vocês serão capazes de fluir dentro das mudanças com uma compreensão consciente e verdadeira.

Vocês não necessariamente precisam saber ou compreender todo o processo antes de dar esse passo. Podem soltar e simplesmente permitir a experiência, e podem confiar e avançar sem hesitação. A dádiva está bem diante de vocês, e tudo o que precisam fazer é dar um salto adiante. Essa é a dádiva deste período sagrado que todos ganhamos. Vocês estão prontos para ela!

Dentro desse mundo multidimensional verdadeiro, na Matriz, vocês adquirem uma compreensão interior de seu processo, o que lhes permitirá assumir seu lugar e seu papel. Simplesmente aceitando essa verdade, vocês começam a ocupar esse lugar. Depois dessa experiência na Matriz, voltarão sem esforço àquela experiência completa dos aspectos do Self e simplesmente Serão; isso será tão natural quanto respirar.

Vocês estão prontos. Ao introduzirem seu ser em toda a sua vida, todas as portas se abrem. Isso porque vocês se alinham naturalmente com todo o seu campo energético. Tornam-se ímãs para a experiência da Verdade. Tornam-se seus próprios professores, trazendo a clareza para si mesmos e mantendo essa clareza dentro de si. Tornam-se o centro do Universo e de todos os aspectos do Universo, simplesmente Sendo. Vocês se tornam a Unidade.

O conhecimento traz a compreensão, a compreensão traz a clareza e a clareza traz poder.

Não deixem sua mente se enredar nos pensamentos sobre a Matriz. Aceitem o fato de que vocês trabalharão com a Matriz como uma ferramenta para receber esses códigos de despertar. Vocês passarão por experiências multidimensionais diretas para que possam receber as verdades divinas que existem dentro dos aspectos multidimensionais da Consciência Coletiva.

Vocês precisarão de apoio para se guiar em algumas de suas experiências. Permitam que as alianças energéticas de seus pré-acordos venham e os ajudem nesse processo de nascimento sagrado.

Agora quero falar sobre alguns processos que vocês encontrarão na Matriz para que compreendam algumas das energias que vão acessar. As energias dentro da Matriz são muito diferentes de quaisquer outras com as quais vocês já tenham trabalhado. Não existem palavras em nossa linguagem para descrever precisamente esses espaços multidimensionais, mas tentarei apresentar conceitos que possam servir como base para que vocês se lancem nesse território inexplorado. Saibam que esses conceitos que estou apresentando podem não se coadunar com sua experiência por causa da natureza multidimensional da Matriz e da diversidade das experiências possíveis.

Ao receberem seu primeiro nível de códigos de despertar, vocês passarão por um processo de integração de energias fluidas. Então, quando a integração dessas energias fluidas ocorrer dentro de vocês, uma série de portas de acesso começará a se abrir por meio da Matriz. Essas portas os levarão para aspectos multidimensionais de alinhamento com o Self e para um novo estado de consciência. Essa energia de Ser vai ancorar por intermédio das células de seu corpo e será registrada em sua estrutura cristalina.

Seu aspecto divino vai fazê-los atravessar a passagem certa para a experiência que vocês estão prontos a receber. O trabalho de vocês consiste em simplesmente Ser e abrir sua Atenção Consciente para a experiência. Talvez descubram que, nesse momento, vocês ultrapassem a necessidade de respirar. Existe sim um espaço dimensional onde não é necessário respirar. A energia nesse espaço trabalha diretamente por meio de sua estrutura cristalina. A estrutura cristalina vai desempenhar um papel importante, ajudando-os a se integrar completamente e ancorar essas energias enquanto elas se alinham energeticamente com seu centro telepático.

Saibam que, dentro da Matriz, seu centro telepático vai ser ligado automaticamente. Vocês se encontrarão em locais de comunhão energética que simplesmente fluem, ativando naturalmente seu centro telepático. Essas sessões manifestam conexões por meio do centro telepático.

Vocês vão operar por intermédio das diferentes experiências dimensionais ao entrarem nas chamadas Conferências de Comunhão. Estas são conduzidas dentro de um contexto muito diferente, com um grupo de alianças energéticas, e formas sagradas estarão contidas dentro do grupo com iniciações específicas para vocês. Essas formas sagradas são dadas pelo seu elemento divino, para vocês, e então colocadas dentro dessa Conferência de Comunhão para que as usem.

Essas formas sagradas ativam dádivas energéticas a serem acessadas por vocês neste período em seu planeta. Vocês vão *experienciar* em vez de ver, *experienciar* em vez de sentir. Isso é importante porque permite que vocês testemunhem a si mesmos na experiência, sem julgamento, à medida que ancoram a experiência direta em suas células e em sua estrutura cristalina. Tudo isso é criado dentro dos aspectos dimensionais da Matriz.

Durante essas Conferências de Comunhão, vocês precisam se soltar e se abrir para seu centro telepático. Simplesmente permitam que toda a informação e o ensinamento passem por vocês como linhas fluidas de texto de luz. O texto é uma configuração de energia em luz que vocês recebem como referência para outros períodos. Pode ser que, em outra jornada de Matriz dimensional separada dessa, o texto seja usado.

Uma série de objetivos determinados pelo seu aspecto divino do Self guiará essas experiências da Matriz. Vocês não precisam se preocupar com a forma, o motivo, nem precisam pensar "Será que estou fazendo isso do jeito certo?". A mente do ego vai ter comentários a fazer; mas vocês precisam se soltar e permitir que seus processos divinos simplesmente aconteçam.

Essas Conferências de Comunhão e Sessões de Comunhão são criadas nos momentos em que vocês estão energeticamente prontos para elas, em que estão prontos para receber essas iniciações específicas. Vocês não podem evocá-las. Elas simplesmente aparecem quando vocês estão prontos.

Quero lembrá-los de que vocês podem solicitar minha energia a qualquer momento para apoiá-los. Eu honro vocês e tudo o que são enquanto dão esses próximos passos em direção ao seu Self. Relaxem e desfrutem desse aspecto de sua grande aventura ao entrarem nas energias sagradas da Matriz. Lembrem-se: a Matriz consiste na luz da consciência da Unidade, da qual vocês são um aspecto! Bem-vindos ao lar!

Ativando a Sua Estrutura Cristalina na Coluna Vertebral

Trabalhando dentro da Matriz e dando à luz essas séries de códigos de despertar, toda a estrutura cristalina do seu corpo vai passar por uma rápida transformação. Graças a essa rápida transformação da estrutura cristalina, vinda de seus códigos de despertar, agora vocês estão prontos para ativar o primeiro nível de estrutura cristalina na coluna vertebral.

A estrutura cristalina da coluna vertebral contém uma frequência de luz muito mais extensa depois de ativada. A estrutura cristalina é muito diferente em sua forma. Existe uma aura mais sutil e expandida em torno da forma de cristal. Ela contém um brilho em sua estrutura que emite raios de luz. A energia da estrutura cristalina é como luz fluida, e essas ativações específicas são reguladas por intermédio da Consciência de Deus. Essa estrutura cristalina, quando ativada, conecta vocês a nada menos que a consciência da sétima/oitava/nova dimensão. É potente e poderosa. Por causa da energia dinâmica da Consciência de Deus dentro da forma cristalina espinhal, a ativação é medida na forma de gotas energéticas. Vocês só ativarão uma gota por vez dentro de cada processo de ativação, de modo que cada ativação cristalina ativará uma gota da "energia da divindade" dentro de vocês.

A essência dessa energia da Divindade vai levá-los a um alinhamento desperto com uma grande força de amor dentro de vocês. Por meio de um processo de espelhamento da energia da Divindade, uma nova conexão vai despertar esse aspecto divino interior. A ação da gota da Divindade nasce por meio da ativação cristalina da coluna vertebral.

Essa ativação em sua coluna vertebral vai apoiá-los, aumentando sua capacidade de carregar uma energia elétrica maior em sua estrutura cristalina e nas células de seu corpo. Vai ajudá-los a se guiar mais facilmente por meio de alguns dos aspectos dimensionais mais elevados da Matriz e construirá todos os aspectos de sua estrutura cristalina em uma forma dimensional mais elevada através de todas as células. Essa estrutura energética dimensional expandida é necessária para que vocês se estabilizem durante os muitos processos energéticos que farão nascer durante as jornadas de experiência individual.

Essa nova configuração dimensional de sua estrutura cristalina vai estabelecer uma conexão direta com seu aspecto divino, alinhando vocês com aspectos novos do ser. Entendam que a "essência de ser" que está se ativando é um aspecto de seu direito natural. Essa energia do direito natural os impulsiona e alinha automaticamente para muito além dos elementos e das restrições tridimensionais do plano terrestre.

A ativação da estrutura cristalina dentro da coluna vertebral é o próximo passo. Avancem sabendo que essa ativação os conduz a um alinhamento direto com a consciência da Divindade. Isso abre novos caminhos para vocês. A oportunidade é introduzida pela conexão com energias além da quinta dimensão. Prontifiquem-se a se soltar, a se deixar levar e a permitir que as forças naturais desse plano terrestre os ajudem nessa integração. Conclamem as energias lemurianas que se especializam nos ajustes cristalinos em seu corpo. Abram-se e conclamem essas energias para que elas estejam com vocês ao darem esse próximo passo. Deitem-se na terra. Isso os protegerá enquanto suas células físicas se integrarem na consciência da energia da Divindade. Abram-se e recebam o que está diante de vocês com consciência, amor e coragem.

Eu honro vocês neste próximo passo.

Ativação da Estrutura Cristalina da Coluna Vertebral

Arquivo de Áudio: Capítulo 9
Arquivo de Áudio nº 1

Primeiro, encontrem a posição correta no seu corpo. Sintam, com os dedos, a posição da abertura sutil na base da garganta. Logo abaixo dessa sutil abertura fica o osso esterno (vejam o Diagrama J). Esse osso atravessa o centro do peito até logo acima do plexo solar. Vocês trabalharão com o topo do osso esterno, diretamente abaixo da abertura sutil na garganta. Essa posição está alinhada com a estrutura cristalina dentro da coluna vertebral.

1. Ativem seu núcleo. Esse primeiro passo é muito importante, sempre que vocês estiverem trabalhando dentro da Matriz. Um forte ancoramento do núcleo vai apoiá-los

para que vocês entrem profundamente em todas as experiências e se expandam em muitos reinos dimensionais diferentes. Juntem as palmas das mãos no centro da linha do coração (no esterno). Levem sua Atenção Consciente até onde as palmas se juntam e façam uma Respiração Consciente. Soltem e entrem no alinhamento dentro de seu núcleo, na abertura. Sintam a abertura de seu núcleo e deixem-se ancorar, como as raízes de uma árvore na terra.

** – posição no corpo, parte superior do esterno*

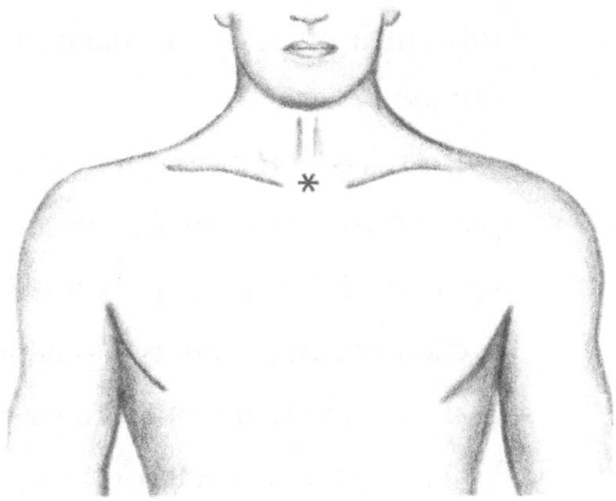

Diagrama J

2. Usem os dois dedos próximos ao polegar, seja com a mão direita ou com a esquerda. Vocês irão bater levemente na posição determinada anteriormente com ambos os dedos, o indicador e o médio. Comecem acima do corpo, então batam no corpo uma vez e voltem a bater acima do corpo. Essa foi a primeira vez. Batam novamente, segunda vez. Batam novamente, terceira vez.
3. Levem as duas mãos para os lados. Abram-nas para cada lado e sintam ou intuam a energia delas. Então sintam, intuam ou vejam o espaço criado entre suas mãos. Levem sua Atenção Consciente para o espaço, respirem e soltem. Permitam que o nascimento e a expansão aconteçam nesse espaço.

4. Falem em voz alta ou para si mesmos: EU SOU. Sintam ou intuam a energia das palavras ancorando em vocês e no espaço.

   Levem o tempo que for necessário para permitir completamente essa integração da energia que ancora das palavras. Vocês dirão as palavras EU SOU três vezes no total. A cada vez que a energia das palavras percorre vocês, integrem a energia que ancora das palavras.
5. Voltem para o núcleo e integrem totalmente as energias que nasceram.
6. Vocês repetirão todo o processo descrito nos passos 1, 2, 3, 4 e 5. Completem três sequências desse processo. Levem o tempo que for preciso entre as sequências para se integrarem completamente antes de começar uma nova sequência.
7. Quando tiverem completado as três sequências, sua ativação espinhal estará completa. Deitem-se. Coloquem as mãos no centro do coração (que inclui toda a área peitoral).

   Levem toda a sua Atenção Consciente para o coração. Concentrem sua respiração na energia do coração e sintam a expansão. Respirem e soltem em seu centro do coração. Sintam a ativação da energia se alinhando por intermédio das células de seu corpo.

Trabalhando com a Matriz

Arquivo de Áudio: Capítulo 9
Arquivo de Áudio nº 2

A Matriz tem pontos de entrada que vão ajudá-los agora a ser capazes de acessar seus códigos de nascimento para seu próximo passo na sua transformação. Isso foi energeticamente previsto para vocês para que possam trabalhar dentro da Matriz e acessar esses níveis multidimensionais para seu despertar.

Para começar a trabalhar com a Matriz, vocês precisam de:

- Mapa da Matriz.
- Formas Codificadas: no mapa da Matriz. (Vejam o Diagrama K na página 176.)
- Postura de mão: mão direita aberta.

1. Ativem seu núcleo. Esse primeiro passo é muito importante toda vez que vocês trabalharem dentro da Matriz. Esse ancoramento do núcleo vai apoiá-los na capacidade de entrar mais profundamente em todas as experiências com os hologramas. Juntem as palmas das mãos no centro da linha do coração (no esterno). Levem sua Atenção Consciente até onde as palmas se juntam e façam uma Respiração Consciente. Soltem e entrem no alinhamento, na abertura. Sintam a abertura de seu núcleo e permitam-se ancorar, como as raízes de uma árvore na terra. Lembrem-se: permitam toda a expansão do núcleo antes de avançarem.
2. Coloquem a palma da mão direita sobre o mapa da Matriz e sintam a conexão energética se elevando entre vocês enquanto levam sua Atenção Consciente para a Matriz. Soltem, respirem e sintam como a conexão entre vocês e o mapa da Matriz nasce. Nota: seu centro telepático começará natural-

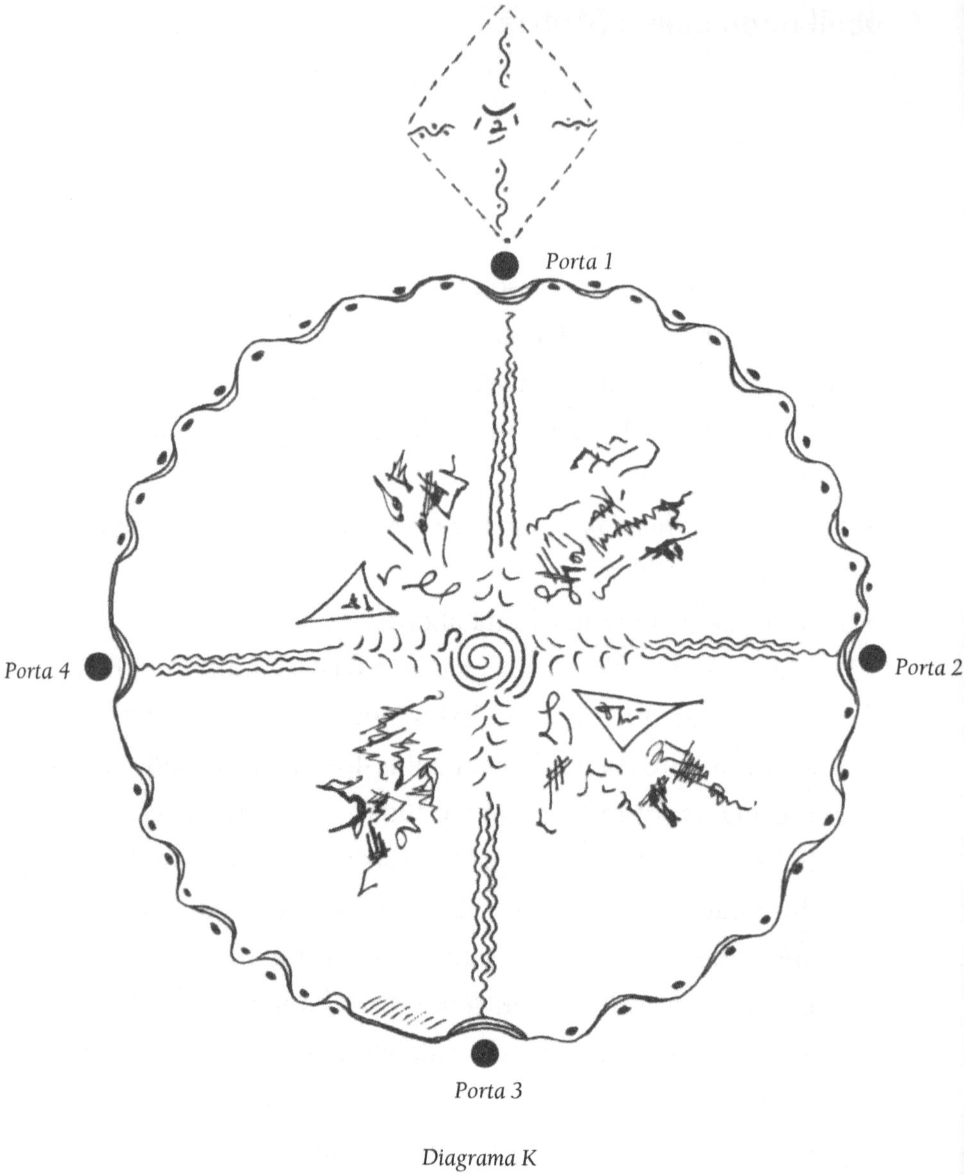

Diagrama K

mente a se abrir à medida que vocês se alinharem com a energia da Matriz. A Matriz é capaz de identificar e reconhecer sua frequência única por meio da palma de sua mão. A palma de sua mão direita contém o Molde de sua frequência única, a assinatura de seu elemento divino. Soltem-se na conexão profunda com a consciência da Matriz.

3. Vocês vão usar a Forma Codificada na página da Matriz. A Forma Codificada está na caixa triangular (isso abrirá uma passagem para que vocês ganhem um ponto de acesso, de entrada em sua Matriz).

   Levem sua consciência à Forma Codificada. Simplesmente permitam que essa Forma Codificada seja absorvida por seu centro telepático. Façam isso simplesmente colocando sua consciência na Forma Codificada dentro do triângulo. Vocês começarão a senti-la ou intuí-la sendo lentamente absorvida por seu centro telepático.

4. Tirem a Forma Codificada de seu centro telepático e coloquem-na dentro da Matriz. Façam isso levando sua consciência para a Matriz, e vocês sentirão ou intuirão a Forma Codificada sendo absorvida pela Matriz. Abram-se para a Matriz e sintam um aprofundamento da conexão, à medida que uma energia se forja entre vocês.

5. Agora vocês vão começar sua jornada pela Matriz. Primeiro, precisam escolher sua posição de entrada dimensional para essa jornada: nº 1, nº 2, nº 3 ou nº 4. Vocês têm quatro escolhas possíveis, sabendo que cada jornada que fazem pode se iniciar em um ponto de entrada diferente ou no mesmo que antes. Cada posição de entrada contém experiências multidimensionais específicas, de modo que vocês precisam se sintonizar com o que lhes parecer melhor no

momento. Coloquem o dedo indicador na posição de entrada escolhida no mapa da Matriz. Levem sua consciência para a porta da posição de entrada escolhida. Ela é aquela que seu indicador está tocando. Conectem-se à energia dentro da passagem. Agora usem o código de pensamento AE SHEE. Lembrem-se: vocês colocarão o código de pensamento dentro da passagem.

A porta se abrirá. Permitam que sua consciência entre no fluxo da Matriz. Soltem-se no fluxo e sintam a experiência expandindo-se pelo espaço.

6. Quando sentirem que entraram completamente em sua experiência, enviem o código de pensamento AE SHEE. Coloquem o código de pensamento onde quer que estejam no fluxo da Matriz. Abram-se então para a primeira série de códigos de despertar. Os códigos de despertar vão levá-los às câmaras internas da Matriz. Permitam-se experienciar e abram-se para o que as câmaras lhes apresentam.
7. Agora que vocês estão na câmara é hora de conscientemente ativarem suas experiências dos códigos de despertar que receberam. Façam isso soltando-se e abrindo-se por meio de seu centro telepático. Façam uma declaração de que estão prontos para sua experiência, com a ativação dessa primeira série de códigos de despertar que vocês receberam. Por exemplo: estou pronto, neste momento, para que a ativação de meus códigos de despertar comece.
8. Quando sentirem que sua experiência está completa, coloquem o dedo indicador lentamente de volta na porta de entrada pela qual vocês passaram. Levem toda a sua Atenção Consciente àquele local, certificando-se de que todas as suas partes estão naquele ponto. Respirem e soltem; per-

mitam que ocorram os alinhamentos energéticos em todas as suas células.

9. Voltem para seu núcleo com as palmas das mãos unidas. Ancorem essa energia por meio do núcleo permitindo sua expansão, como as raízes de uma árvore entrando na terra. Então integrem-se exteriormente às forças naturais. Sentem-se ou deitem-se na terra e respirem. Não se esqueçam de descansar depois das ativações. Vou sustentá-los e às células de seu corpo, para que se abram e recebam. Não deixem que sua mente comece a dissecar sua experiência. Somente respirem e soltem. Honro-os por darem esse passo.

Amados,

Com as novas energias ancorando em seu planeta, nós os conclamamos a permitir que seu Self domine essas energias de força de luz por intermédio de vocês. Como sempre, tudo envolve a Escolha Consciente e o ato de se abrir para receber essa energia de força de luz pura, que pode se mover por meio das estruturas cristalinas de seu corpo.

Essa dádiva de luz é de vocês. Tem sua assinatura única da essência dentro dela. Ao receberem-na conscientemente dentro de seu campo energético, sua estrutura cristalina pode fazer nascer outro nível. Essa é sua Escolha Consciente em ação.

Façam sua Respiração Consciente e abram-se para embebê-la em suas células. Avancem com sua Atenção Consciente e respirem com suas células, recebendo a frequência de luz. Vocês devem receber o que lhes pertence.

Testemunhamos seu nascimento, seu recebimento. Essa é sua criação; utilizem-na!

Bênçãos,
Os Pleiadianos.

10 Ativando Sua Energia de Comando: Escolha Consciente para Ativar Seus Portais Energéticos

Sua Energia de Comando é um processo de renascimento do Self por meio da ação de invocação da Escolha Consciente. A invocação é a ação de "conclamação", que desperta sua Energia de Comando por meio do uso de um som sagrado. Essa é uma poderosa ação da Escolha Consciente. Ao despertarem sua Energia de Comando, vocês dizem sim a um aspecto de seu poder pessoal, criando um novo alinhamento com seu aspecto divino e ancorando esse aspecto dentro da estrutura celular de suas células. Essa ação acumula alinhamentos permanentes com o Self, nos quais vocês poderão se apoiar se precisarem. Vocês descobrirão que suas conexões energéticas com outros grupos de força vital, seu canal e sua capacidade de perceber a verdade se expandem naturalmente à medida que vocês ancoram sua Energia de Comando em seu Self. Agora é a hora de se alinhar conscientemente com o que os Pleiadianos chamam de Energia de Comando.

A Energia de Comando é ancorada por meio de um portal energético dentro do centro do coração. O nascimento desse portal energético ativará um processo interior belo e profundo. Essa conexão com seu portal permitirá que vocês comecem uma nova jornada de comunhão com os aspectos de luz mais elevados na Consciência Coletiva do Universo e os capacitará a manter seu lugar em uma frequência de amor mais elevada do ponto de vista dimensional. Saibam que serão cuidados em seu nascimento e testemunhados ao concordar em dar outro passo em sua jornada.

O portal energético que nascerá por meio do centro do coração vai se abrir para a transformação em uma estação receptora multidimensional. Os Pleiadianos muitas vezes se referem a esse portal como o "receptor do coração sagrado". Esse portal energético traz aspectos de amor multidimensionais, e essa abertura vai aumentar sua capacidade de receber aspectos divinos do Self que contenham uma frequência de amor mais elevada do que aquelas com que vocês tenham se alinhado previamente nesta vida. Surgirão oportunidades constantes de nascer em novas extensões dimensionais dentro desse portal.

À medida que esse portal nasce, a estrutura cristalina em seu centro cardíaco também começará a se transformar. A estrutura cristalina vai se tornar pura e clara à medida que a frequência dentro da forma cristalina começar a se expandir, permitindo que a forma cristalina nasça em uma frequência de luz muito mais elevada. A estrutura cristalina começa a emitir um *zumbido* com essa nova vibração. Esse zumbido é um despertador. A ação criada pelo zumbido começa a abrir um ventre energético, ativando um processo de nascimento que se expande por meio de seu campo energético, preparando-os para ancorarem sua Energia de Comando. Seu campo energético vai trabalhar em alinhamento com o portal que está se abrindo em seu coração, carregando a essência da ativação de sua Energia de Comando. Seu direito de Escolha Consciente de ativar a estrutura cristalina de seu coração tornou possível a vocês ancorarem a alta frequência de luz que nascerá de vocês, ativando sua Energia de Comando.

Ao invocar o som sagrado, vocês precisarão se abrir e sentir o poder de sua invocação e se abrir para a essência de sua energia à medida que ela própria se abrir através de vocês. Vocês serão capazes de sentir e experienciar a criação de sua Energia de Comando por meio do uso de sua frequência de som única. Ao invocarem sua Energia de Comando, vocês experienciarão uma nova sensação de poder e força dentro de vocês.

Eu mesma sei que, quando comecei a invocar minha Energia de Comando pela primeira vez, tive uma experiência profunda. Ao me expandir usando minha Energia de Comando, senti uma força surgindo em mim em um nível físico. Energeticamente, sentia níveis de força vital se construindo dentro de mim. A conexão com esse aspecto do meu poder era uma experiência animadora, de tirar o fôlego. Ao invocar o som sagrado, descobri que me tornei parte do som, e depois de um tempo nem sequer reconhecia minha própria voz. O som e a qualidade que estavam emergindo de mim não me eram familiares, e ao mesmo tempo me compeliam a continuar me desdobrando nessa essência impressionante. Senti uma paz e um contentamento profundos passando por mim enquanto minha Energia de Comando continuava a ancorar.

Descobri que era importante emitir o som sagrado e então esperar um momento para experienciar minha energia, que fluía por mim; devia então emitir outro som sagrado, me focando em *ser* aquele som. Quanto mais eu trabalhava com o som, mais me estabilizava dentro da experiência do Self, com a qual me reunia por meio de minha Energia de Comando.

Agora seu próximo passo é invocar sua Energia de Comando por meio do som sagrado. Ao usar esse som sagrado, vocês iniciam um processo de construção de sua Energia de Comando por meio das células e do núcleo. Essa energia de força vital contém sua assinatura divina da Unidade, de tal modo que, enquanto ela ancora uma parte natural sua, constrói-se continuamente esse alinhamento com seu Self.

Lembrem-se: à medida que vocês usam o som sagrado ocorre um ancoramento de sua Energia de Comando, que se abre por meio do espaço do coração sagrado em seu portal. Suas células cardíacas reconhecem a essência de sua Energia de Comando e começam a se expandir. A imagem que vem à mente é a de um sol nascendo em cada célula, e cada célula enviando raios de luz em direção ao seu campo energético.

Na verdade, sua Energia de Comando é sua própria luz de *força vital*. Vocês não trabalharão com a luz de mais ninguém. Ou seja, uma vez mais, vocês estão dando à luz vocês mesmos durante esse processo. Esse aspecto de sua Energia de Comando vem de sua própria fonte divina. Ao evocarem essa reconexão, vocês se tornam o som. Esse processo é mais que um alinhamento; estabelece-se uma conexão permanente. Vocês abrem uma ponte dimensional que fica permanentemente alinhada, e então se mantêm em um estado de união contínua com sua Energia de Comando. Essa ponte é ancorada no portal em seu coração.

Sua Energia de Comando nasce em incrementos, de modo que vocês podem integrar completamente os níveis mutáveis de luz elétrica que ancoram através de vocês. Sua estrutura cristalina foi feita para sustentá-los na integração desse novo componente elétrico de sua energia.

Por meio da Energia de Comando, vocês trabalharão um nível de frequência mais elevada; assim, serão capazes de perceber energias desses estados dimensionais mais elevados. Isso lhes dará uma visão mais ampla, superior à ilusão e ao drama tridimensionais do plano terrestre, e permitirá que vocês participem mais completamente dos reinos universais.

Quando vocês ativam sua Energia de Comando, experienciam uma ampliação natural de todas as suas experiências energéticas no plano terrestre e dentro do Universo. Vocês aumentam a capacidade de perceber energias e vivenciar a verdade. Descobrem capacidades de se conectar e trabalhar com pessoas muito evoluídas.

Vocês também vão experienciar relacionamentos mais amplos com as alianças energéticas, pois serão capazes de extrair essas energias de um lugar energético do Self muito mais estável.

Vocês também experienciarão relacionamentos expandidos com alianças energéticas, porque serão capazes de encontrar essas energias a partir de um lugar energético muito mais estável dentro do Self. Sua energia de luz permitirá alinhamentos naturais para lhes trazer conexões e comunicações mais claras.

Depois de um tempo, vocês não precisarão mais evocar sua Energia de Comando para experienciar seus alinhamentos; essa será uma parte natural de vocês. Vocês simplesmente Serão na sua Energia de Comando. À medida que se desenvolverem, vocês carregarão mais aspectos expandidos da sua Energia de Comando e descobrirão que ocorrerá uma contínua expansão na conexão com a sua Energia de Comando, como uma parte natural do processo de despertar.

Vocês receberão passos e ferramentas para ativar sua Energia de Comando e depois receberão caminhos para acessar seu alinhamento natural com esse aspecto do Self. Tudo é sempre feito pelo centro do coração. Vocês evocam sua Energia de Comando e então ancoram-na dentro do ponto de acesso estável de seu portal energético no centro do coração.

A evocação de sua Energia de Comando com o som sagrado é uma experiência poderosa, que dá poder a cada um que a empreende. Ela é jubilosa porque vocês estarão acessando sua Energia de Comando por meio da ação consciente: reivindicando o seu poder. Vocês sentem a conexão com sua fonte, uma sensação de paz, de lembrança e geralmente de libertação.

Vocês sentirão algo sendo libertado de suas amarras, sendo liberado. Os fardos de vidas de experiências tridimensionais simplesmente somem com sua retomada de poder. Uma vez ancorada sua Energia de Comando, seus fardos tridimensionais já não podem mais ser contidos em seu corpo.

À medida que vocês começam a dar à luz sua Energia de Comando, seu campo energético começa a refletir a energia de luz que nasceu. Ela vem na forma de uma frequência de luz pulsante no Universo, permitindo que seu aspecto energético retorne a seu lugar dentro do Circuito Universal. Seu lugar sagrado se expande dentro do Circuito, como se um aspecto seu voltasse ao lar naquele momento. Toda a sua perspectiva dimensional é alterada, o que permite que vocês participem completamente dentro do Universo, assumindo seu lugar dentro de todos os reinos. Isso faz parte do projeto sagrado que foi feito para esse período do Novo Alvorecer, para cada um de vocês.

A sua Energia de Comando permite que um processo de cura energética natural comece a operar em seu corpo físico. Vocês terão acesso à energia de cura da força vital natural, às novas dádivas e à experiência de um aspecto de Unidade, de conexão Universal. Quanto mais vocês escolherem usar esse aspecto do Self, mais suas células carregarão uma essência ampliada de sua Energia de Comando.

Invocando sua Energia de Comando vocês começarão a se alinhar com um aspecto expandido da sua Respiração da Força Vital, que nasceu através dos seus pulmões. Vocês podem descobrir que estão mais conscientes da sua respiração e do papel que ela representa quando vocês trabalham com sua Energia de Comando. Vocês já estão familiarizados com o que os Pleiadianos chamam de "Respiração Consciente" e quanto ela é importante para o nascimento e intensificação das suas experiências, porque vocês vão fazer uma respiração que carrega a sua energia de Comando. Essa respiração de força vital é na verdade a "Respiração Consciente" com a Consciência e a intenção focadas enquanto a respiração é projetada no local desejado. A respiração é portadora de uma "força de luz" de seu aspecto divino. Vocês descobrirão que, ao utilizar essa Respiração de Força Vital, uma aceleração energética e expansão da força de luz vão ajudá-los no nascimento daquilo que vocês desejam. Projetar a energia de força de luz em sua criação vai ajudá-los a manifestar seus objetivos. Do mesmo modo, vocês podem projetar a Respiração de Força Vital no seu Self para acelerar um processo de cura.

Saibam que todos os aspectos da criação necessitam da respiração de força vital. Ela precisa ser usada por meio da ação da Escolha Consciente, abrindo-se em um momento e levando consciência com sua respiração de força vital à medida que vocês trabalham. Levem sua respiração expandida às suas criações e sintam ou intuam a ação dessa respiração. Experienciem e testemunhem a si mesmos dentro da ação da "força vital" da respiração. Sintam a *si mesmos*. Intuam-se dentro da energia dessa respiração. Quanto mais vocês trabalharem conscientemente com essa respiração expandida, mais rapidamente sua Respiração de Força Vital vai ser capaz de nascer em novos níveis expandidos.

As células de seus pulmões passarão por uma metamorfose ao se expandirem com a frequência de sua Respiração de Força Vital. Essa energia de força de luz passará dos seus pulmões para todas as outras células, fortalecendo-as e rejuvenescendo-as. Cada célula de seu corpo sofrerá o impacto dessa nova frequência de luz que é ativada por meio da Respiração de Força Vital.

À medida que vocês trabalham esses diferentes níveis, seu centro do coração sagrado se expande dimensionalmente por causa da nova energia imbuída em cada célula, vinda de sua Respiração de Força Vital.

O papel de suas estruturas cristalinas consiste em parte em irradiar sua Energia de Comando, permitindo que vocês se alinhem com a energia de força transmissora do seu Self. Vocês sempre precisam ter uma razão para ativar sua Energia de Comando. Vocês canalizam esse desejo ao iniciarem a ação de evocar sua Energia de Comando.

As novas energias dimensionais no planeta estão criando uma transformação com as forças naturais à medida que os véus se levantam. A transformação que se segue na estrutura cristalina por meio do renascimento da Energia de Comando permitirá que vocês controlem conscientemente as energias das forças naturais para ajudá-los na integração da Energia de Comando através de suas células. Essa é uma parte do novo papel das forças naturais no período do Novo Alvorecer, que nos sustenta na integração dessas energias recém-nascidas.

Agora é a hora de preparar esse portal no centro do coração para que vocês possam criar um lugar para ancorar sua Energia de Comando. Vocês trabalharão para expandir o nível energético do seu centro do coração usando um som sagrado. As células do coração vão responder à sua frequência única de som, e o portal de ancoramento vai nascer. A estrutura cristalina em seu coração vai ser ativada simultaneamente em um nível mais elevado pelo ancoramento desse portal.

Expandindo a Estrutura Cristalina de Seu Coração para Dar à Luz Seu Portal

Arquivo de Áudio: Capítulo 10
Arquivo de Áudio nº 1
Som Sagrado: KEE NAH SAE
Som Sagrado: EE

1. Coloquem as palmas das mãos em todo o seu centro do coração (toda a área do peito). Dirijam a Atenção Consciente para a pressão das mãos, o calor das mãos, e façam uma Respiração Consciente. Aprofundem sua Atenção Consciente no centro do coração. Permitam-se e soltem mais profundamente na abertura energética no centro do coração.
2. Agora levem sua Atenção Consciente mais fundo na abertura. Vocês vão dar à luz seu centro sagrado energeticamente com um som sagrado, para preparar o coração para o nascimento do portal. Usem o som sagrado KEE NAH SAE. Levem o som às células do coração; levem sua Atenção Consciente às células e respirem. Soltem. Alimentem as células cardíacas com esse som até que haja uma expansão

de luz. Vocês podem ver, sentir ou intuir essa expansão; ela pode se dar como um aquecimento, uma vibração ou uma coloração das células. Permitam a experiência.

3. Levem sua Atenção Consciente à luz que está nascendo dentro das células. Sintam como a luz está se expandindo e começando a dar à luz a forma do portal. Usem o som sagrado EE. Levem esse som diretamente à forma do portal e sintam como ele começa a se transformar e ancorar. Continuem a usar o som EE até que o portal tenha se expandido totalmente. Vocês podem ver, sentir ou intuir isso. Soltem e permitam a experiência.
4. Agora levem sua Atenção Consciente ao campo energético, levando sua Percepção para além da forma física. Abram-se para o fluxo energético e para os padrões de energia. Toquem-nos com sua consciência e levem sua Respiração Consciente até eles. Soltem. Abram as palmas das mãos para receber o fluxo e os padrões. Ao levarem a Atenção Consciente às palmas, o fluxo e os padrões movem-se para as mãos.
5. Agora levem as palmas das mãos de volta ao centro do coração. Sintam o fluxo e os padrões entrarem no centro do coração, no portal. Levem sua Atenção Consciente de volta ao portal. Usem o som EE nesse portal. Sintam o nascimento desse fluxo entrando no portal, dando à luz uma energia dimensional por meio dele. Usem o som EE até que o portal esteja completamente ancorado e expandido dimensionalmente.
6. Levem toda a sua Atenção Consciente de volta ao centro do coração, abrindo-se para suas mãos com a consciência e focando sua energia nas células do coração. Respirem e

integrem essa energia através de si mesmos e de todas as suas células. Não apressem esse processo. No fim, vocês precisarão ir para a terra e integrar essa energia transformadora do ancoramento de seu portal.

Ativando Sua Energia de Comando

Arquivo de Áudio: Capítulo 10
Arquivo de Áudio nº 2
Som Sagrado da Ativação da Energia de Comando: ASHA TAE
Som Sagrado: EE

Agora que vocês ativaram seu portal energético no centro do coração, estão prontos para ativar sua Energia de Comando e ancorá-la dentro desse portal energético.

1. Levem as palmas das mãos até todo o centro do coração (toda a área do peito). Dirijam a Atenção Consciente para a pressão e o calor das mãos e façam uma Respiração Consciente. Aprofundem a Atenção Consciente no centro do coração. Permitam-se e soltem, aprofundando-se na abertura energética em seu centro do coração.
2. Deixem-se alinhar com seu portal energético, simplesmente levando sua consciência até o portal e usando o som sagrado EE. Isso os alinhará energeticamente ao seu portal. Usem sua Respiração Consciente. Isso os aprofundará em seu relacionamento com o portal.
3. Agora vocês vão ativar sua Energia de Comando usando o som sagrado ASHA TAE. À medida que usarem o som, sintam a presença da energia se construindo dentro de vocês. Sintam o som ressoando internamente. Continuem a

se conectar com o som e sintam e esperem pela construção e pelo ancoramento de sua Energia de Comando através de vocês.

4. Levem sua Atenção Consciente para o portal. Levem o som de sua Energia de Comando para o portal: ASHA TAE. Sintam sua Energia de Comando ancorando através do portal e experienciem a transformação da energia do portal enquanto o ancoramento acontece. Soltem-se na energia em expansão.
5. Levem sua Atenção Consciente ao centro do coração. Sintam a expansão de luz que foi ativada por meio das células do seu coração. Sua energia cristalina dentro do coração está começando a se transformar com a ativação da Energia de Comando. Usem sua Respiração Consciente e sintam-na. Experienciem o quanto sua respiração de energia de força vital pode ter mudado. Permitam toda a experiência. Saibam que suas ativações de Energia de Comando são cumulativas, de modo que, cada vez que vocês ativam a Energia de Comando, seus alinhamentos se fortalecem.

Criando Seu Círculo de Luz

Arquivo de Áudio: Capítulo 10
Arquivo de Áudio nº 3
Som Sagrado de Comando de Ativação da Energia: ASHA TAE
Som Sagrado: EE

Por meio da ativação da sua Energia de Comando, vocês agora são capazes de criar um círculo de luz usando sua Energia de Comando. Dentro desse círculo de luz, vocês podem trabalhar a autocura por meio de um rejuvenescimento das células e receber conhecimento e clareza dos reinos de dimensões mais elevadas. Cada vez que vocês criam um círculo de luz, são capazes de ancorar e integrar níveis mais extensos e amplos de sua Energia de Comando.

Antes de começar, seis cristais de quartzo transparentes precisam ser programados (vejam o Diagrama L). Os cristais devem ser bem pequenos. Para programar os cristais, coloquem os seis no Mapa de Programação (vejam o Diagrama L) por dois dias antes de usá-los para ativar seu círculo de luz.

Preparem os cristais para fazer seu trabalho dispondo-os todos em um círculo. Os cristais precisam estar distribuídos de modo

Diagrama L

que fiquem à mesma distância uns dos outros. O círculo pode ser grande ou pequeno, mas tem de ser grande o suficiente para que vocês se sentem no meio (no chão ou em uma cadeira) e fiquem em pé e se deitem. Quando vocês estiverem trabalhando no círculo, devem estar na posição central; portanto criem um espaço grande o suficiente. Pode ser que, depois de terminado o trabalho, vocês sintam que precisam se deitar e se integrar dentro do círculo.

Para criar o círculo, distribuam os seis cristais. Um deles ficará diretamente à sua frente. Outro, diretamente atrás. Os outros serão dispostos dois de cada lado, distribuídos homogeneamente para formar o círculo. Saibam que vocês precisam de um círculo bem feito, então levem o tempo que for necessário para dispor os cristais corretamente. O círculo não tem de ser absolutamente perfeito, mas tem de conter uma forma de energia suficiente para que vocês possam fazer seu trabalho e criar a energia correta. A Figura da Disposição dos Cristais em Círculo pode ser encontrada no Diagrama M.

Levem água potável e algo em que se sentar para dentro do círculo. Pode ser uma almofada, uma cadeira ou alguma outra coisa. Vocês também podem levar um bloco de anotações e uma caneta. Agora estão prontos para começar seu processo de trabalho e ativar seu Círculo de Luz. Para começar esse processo vocês devem se sentar no centro do círculo.

1. Levem as palmas das mãos para o centro do coração (toda a área do peito). Direcionem a Atenção Consciente para a pressão e o calor das mãos e façam uma Respiração Consciente. Aprofundem sua Atenção Consciente no centro do coração. Soltem e aprofundem-se na abertura energética no centro do coração.

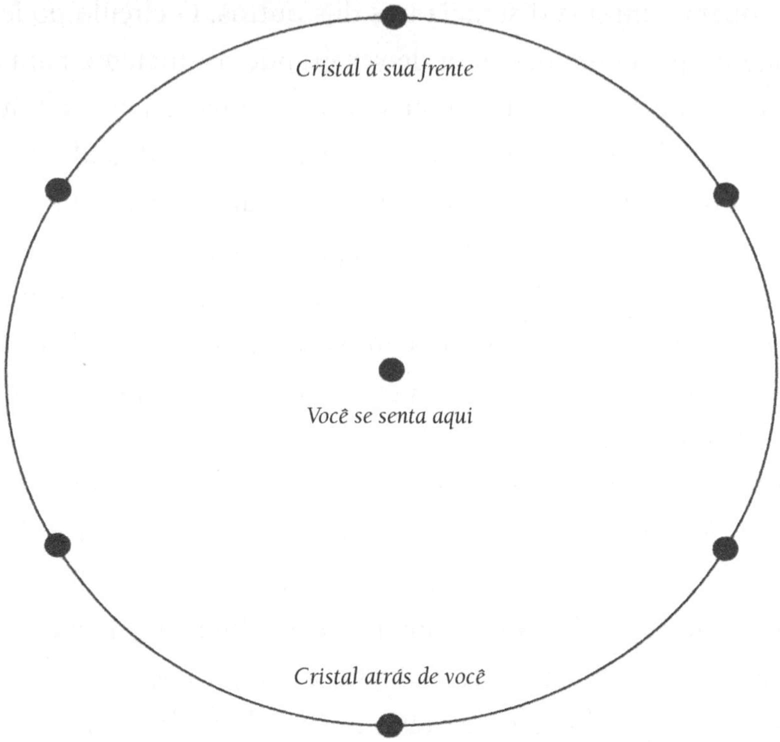

Diagrama M

2. Alinhem-se com seu portal energético simplesmente direcionando sua Atenção Consciente para ele e usando o som sagrado EE. Isso os alinhará energeticamente com seu portal. Usem a Respiração Consciente. Isso aprofundará seu alinhamento com o portal.
3. Agora vocês vão ativar sua Energia de Comando usando o som sagrado ASHA TAE. Ao usarem o som, sintam a presença da energia se construindo dentro de vocês ao emitirem o som e ao se conectarem com ele conscientemente. Sintam o som ressoando internamente. Continuem a se conectar com o som e esperem pela construção e pelo ancoramento da Energia de Comando através de vocês.

4. Levem sua Atenção Consciente até os seis cristais que constituem o seu círculo. Abram sua Atenção Consciente, e sua Energia de Comando começará a construir uma conexão com todos os cristais. Então ativem sua Energia de Comando usando o som sagrado ASHA TAE. Ao fazerem isso, os seis cristais começam a se conectar com a construção de sua Energia de Comando. Vocês criam todo esse círculo de luz por meio da Energia de Comando.
5. Soltem-se em seu Círculo de luz com a Atenção Consciente. Permitam-se desdobrar e nascer com esse círculo de luz. Usem sua energia de força vital e respirem para expandir a criação do seu círculo de luz.
6. Quando estiverem prontos, vocês poderão expandir a energia dimensional dentro do seu círculo de luz e levar sua Atenção Consciente para o portal. Usem o som sagrado EE no portal e então sintam um ancoramento mais profundo da sua Energia de Comando no portal.
7. Agora transmitam seu som de Energia de Comando ASHA TAE. Usando as mãos, vocês vão trabalhar com a Energia de Comando para expandir a energia do seu círculo. Trabalhem com as mãos para expandir a Energia de Comando que está dentro dos limites de seu círculo, na direção dos cristais. Usem sua respiração de expansão criativa para permitir o nascimento dessa expansão em seu círculo de luz.
8. Soltem-se nessa energia expandida dentro do seu círculo de luz, levando sua Atenção Consciente até sua energia circular completa. Soltem e simplesmente Sejam.
9. Uma tecedura começa a se formar dentro do círculo. Tornem-se uma parte dessa teia dimensional divina que vocês

> estão trazendo à luz pelo círculo. Soltem e permitam a experiência. Usem sua respiração expandida e sua Atenção Consciente para entrar nessa tecedura dimensional. Em seguida, levem seu som de Energia de Comando ASHA TAE até a tecedura, para que possam começar a se alinhar com ela para a cura e a regeneração de suas células.

Soltem e permitam que esse nascimento ocorra através de vocês. Levem o tempo que for preciso para se alinhar e se integrar completamente com essa energia. Vocês talvez sintam a necessidade de se deitar e descansar dentro do seu círculo de luz. É importante que esse processo não seja apressado. Soltem e permitam essa experiência completamente. Lembrem-se: é por meio do soltar que vocês permitem que ocorram todos os alinhamentos.

Quando comecei a criar meu primeiro círculo de luz, fui preenchida pela poderosa experiência de ser a criadora do círculo. Ao me abrir para essa verdade, um ancoramento de luz nasceu através de mim e fui transformada ao reivindicar essa verdade. Saibam que vocês possuem as chaves do seu próprio despertar. Não escondam essas verdades. Assumam quem são nesses momentos de mudança de sua capacidade de criar com a Energia de Comando. À medida que sua Energia de Comando se desenvolve, vocês se alinham com outro nível dos Princípios de Vida, dando outro passo em direção ao lar. Vocês podem trabalhar dentro do círculo de luz para tudo que lhes seja necessário nesse momento. Podem trabalhar em áreas físicas do seu corpo que precisem de cura. Assim, as células do corpo começarão um processo regenerativo no círculo de luz; ou vocês podem somente repousar na luz do círculo e Ser.

Amados,

Nós os saudamos. Sustentamos o espaço energético para que cada um de vocês entenda o papel que tem a desempenhar neste momento da vida, um papel poderoso que lhes dá acesso à sua própria Energia de Comando divina. Saibam que vocês têm o poder de transformar seu Self; vocês têm o poder de autocura.

Há uma Energia de Comando dentro de vocês que podem acessar; basta-lhes saber que vocês têm o direito de se abrir para sua Energia de Comando com uma Respiração Consciente, conclamando sua essência — não por meio da vontade do ego, mas da conexão com seu coração sagrado. Simplesmente se abrindo por meio do coração e conclamando sua própria energia de cura.

Sua energia está, agora, disponível para uso. À medida que avançam e ancoram essa essência de comando, vocês começam um novo processo de nascimento nas células. Sua assinatura divina começa a se ativar por meio da estrutura cristalina, e esta começa a iluminar sua essência sagrada.

Estejam aqui neste momento com sua Energia de Comando. Estejam aqui agora, firmando um compromisso consciente com o Self. Ocupem seu lugar neste momento e sintam sua energia começando a se construir através de vocês com cada respiração consciente e compromissada.

Nós testemunhamos vocês,
Os Pleiadianos.

11
Trabalhando com Sua Energia de Comando e com as Energias Naturais da Terra: Criando Alianças Energéticas

A ativação da Energia de Comando começou, e agora um alinhamento estável por meio do seu portal no centro do coração está disponível para vocês. Vocês têm também uma abertura direta com os muitos níveis multidimensionais dos Princípios de Vida. Isso os apoiará na mudança rápida para conexões expandidas dentro da consciência das Energias Coletivas, levando-os a alinhamentos que vocês ainda não experienciaram nesta época. Mudanças na sequência de DNA podem acontecer, porque vocês levaram essa poderosa conexão de Escolha Consciente para a Energia de Comando. O nascimento do portal do coração permite que vocês processem os elementos de Ser que estão contidos nos Princípios de Vida. Esses elementos sagrados são então capazes de se alinhar com suas células e criar um reposicionamento de sua sequência de DNA, provocando uma revolução dentro de vocês.

Por causa dessa enorme mudança energética, agora é a hora de se expandir para outras configurações dimensionais usando a Energia de Comando conscientemente na sua vida. Isso tudo envolve o trabalho com uma série de processos específicos que ancorarão um alinhamento através de vocês, de modo que não mais precisarão ativar a Energia de Comando conscientemente; um processo de união completo se ativará para que vocês possam simplesmente Ser sua Energia de Comando. Esse se tornará um aspecto natural de vocês.

Ao começar este próximo nível de trabalho, chegarão à outra virada em seu processo de despertar. Vocês darão outro passo, pois estarão participando conscientemente dentro do Universo em um nível mais elevado. Outra coisa ainda mais importante, vocês estão conscientemente canalizando e usando seu aspecto divino como seres humanos. Vocês estão despertando ao se alinhar com um estado dimensional mais elevado do Self. Vocês começam a participar completamente por meio dos alinhamentos dimensionais expandidos dentro do Universo quando se abrem conscientemente para trabalhar por meio da Energia de Comando. Quando vocês começam a acessar esses alinhamentos dimensionais expandidos dentro do Universo, vocês ativam a chamada "linha do Destino".

A linha do Destino é uma ponte ativa que se conecta diretamente com sua matriz e destrava a opção de mudá-la. No entanto ela só se abre para essa mudança na matriz se vocês tiverem uma aceleração inesperada em seu processo de despertar. Por exemplo: a decisão de fazer essa Escolha Consciente para ativar sua Energia de Comando e entrar nos alinhamentos com os Princípios de Vida cria a necessidade de ajustar sua energia de matriz para que vocês possam progredir no caminho de despertar avançado.

Vocês não precisam saber os detalhes dessas novas ativações da sua matriz. O aspecto divino dentro da Energia de Comando vai criar uma série de assinaturas energéticas novas necessárias para essas novas ativações e os ajustes dentro da matriz.

Esse é um momento excepcional para todos vocês que estão despertos. A cada um de vocês foi dada uma graça neste momento. Este momento na história do planeta é diferente de qualquer outro. Tudo está posicionado para que vocês se abram para essas muitas oportunidades, para avançarem rapidamente. As portas estão se abrindo enquanto vocês ativam sua energia de Comando e avançam com sua linha de Destino, dando à luz outro nível de energia da impressão e trabalhando com a confiança sagrada.

Confiança Sagrada

Esse caminho na linha do Destino pode recalibrar a configuração energética em seu campo energético, que os move para um fluxo de iluminação expandido. Esse fluxo de iluminação, por sua vez, os leva para a confiança sagrada que vocês criaram para que pudessem recebê-la se e quando chegassem a essa junção em sua jornada.

Vocês configuraram sua própria confiança sagrada antes de virem para este plano terrestre. Ela contém as ferramentas e os ensinamentos que *vocês* estabeleceram para usar agora. Vocês só recebem, na confiança sagrada, aquilo para o que estão prontos, reunindo-se com ferramentas sagradas que pertencem a vocês. Vocês não podem escolher o que querem receber porque essa foi a escolha predestinada que vocês fizeram para si mesmos.

As energias da confiança sagrada são designadas para levá-los a outro nível, para levá-los a outro ponto de vista dentro da energia da Consciência Coletiva da qual vocês são uma parte. Até esse ponto, vocês não estavam prontos para se alinhar completamente ou terem acesso a muitos aspectos dimensionais da Consciência Coletiva. Por meio do ancoramento da Energia de Comando vocês podem agora entrar nesses alinhamentos expandidos com a Consciência Coletiva e ter acesso à confiança sagrada. Isso vai levá-los a um poderoso estado de Ser. As ferramentas e os ensinamentos de sua confiança sagrada vão ajudá-los a integrar e se tornar uma parte desses ensinamentos mais elevados. É por isso que a confiança sagrada está sendo disponibilizada para vocês neste momento.

Os Pleiadianos estão mantendo abertas plataformas energéticas para que vocês destravem sua ponte, acessando assim a linha de Destino. Eles estão também posicionando recipientes energéticos para que vocês acessem a energia da matriz atual e ativem suas novas energias de matriz. Vocês estão prontos para um novo nível da missão.

Vocês receberão um processo passo a passo de acesso à confiança sagrada e também para obter as ferramentas e os ensinamentos. As ferramentas que foram posicionadas previamente, para serem recebidas agora, podem vir em muitas formas diferentes, como uma energia que penetra em vocês, formas geométricas e objetos de poder físico como espadas e cristais. Um cálice pode lhes ser oferecido, podem sentir um calor atravessando vocês ou podem sentir uma forma de amor invadindo-os. Estes são somente alguns exemplos do que vocês podem receber em sua confiança sagrada.

Por meio do posicionamento da sua Atenção Consciente e da sua Respiração de Força Vital naquilo que vocês receberam da confiança sagrada, vocês são ativados e ganham acesso. A energia vai começar a se transformar, por exemplo, transmitindo conhecimento e ensinamentos ou altas frequências de luz para vocês. Isso é o que pode acontecer quando vocês levarem sua consciência à experiência, ao objeto, à energia ou à sensação.

Tudo o que vocês recebem em sua confiança sagrada contém despertares para vocês. Vocês recebem um presente, mas esse presente precisa ser aberto, desembrulhado por sua Atenção Consciente com sua Respiração de Força Vital Consciente. Recebam esse presente e não o deixem embrulhado. Abram-no e explorem o que vocês receberam! Ativem um processo de cada vez em sua confiança sagrada, lembrando que vocês deixaram que esse presente fosse usado por seu Self neste momento. É essencial que vocês então integrem completamente cada processo que receberam.

Quando eu inicialmente recebi algo de minha confiança sagrada, foi um círculo, então pensei "O que posso fazer com um círculo?". Eu queria algo mágico como um cristal ou um cetro! É claro que minha mente do ego queria tais coisas. Os Pleiadianos me lembraram de que eu tinha posicionado esse círculo para recebê-lo agora e que precisava explorar essa dádiva. Então levei minha Atenção Consciente para o círculo e respirei; ao fazer isso, o círculo começou a se iluminar e se expandir. Eu me abri e recebi a luz através de minhas células. Então aprofundei minha Atenção Consciente e posicionei uma Respiração de Força Vital na luz. Com isso, recebi um poderoso amor e conhecimento quando fui levada e sustentada dentro do círculo. Então é importante abrir-se aos muitos níveis dessa dádiva dentro de sua confiança sagrada. Continuem a acessar a dádiva tocando-a com sua Atenção Consciente e soltando.

Ao acessarem as experiências expandidas por meio de sua confiança sagrada, vocês retornam a mais aspectos do Self, e isso permite que vocês comecem uma aliança sagrada com as forças da Natureza. A aliança é parte de sua missão nesta vida. É um aspecto do retorno à Unidade com toda a força vital.

As Forças da Natureza

As forças da Natureza no plano terrestre estão passando por uma rápida transformação em muitos níveis dimensionais. Os véus se levantaram para que vocês trabalhem com essas energias da Natureza por meio de sua Energia de Comando. O trabalho com as forças da Natureza vai permitir que vocês acabem com o nível de separação interior, porque vocês vão entrar em um novo aspecto da Unidade por meio dessa comunhão sagrada. Isso vai permitir que vocês se abram para um estado da Unidade e expandam seu centro do coração por meio dessas alianças. Vocês têm uma oportunidade imensa de coletar as energias das forças da Natureza através de vocês, para que possam continuar a integrar cada mudança dimensional conforme elas ocorrem no plano terrestre. Vocês poderão manter uma plataforma de apoio para as mudanças da Terra conforme as mudanças dimensionais ocorrem.

Vocês receberão uma série de alinhamentos sagrados por meio de sua estrutura cristalina para sua integração em nível celular. Trabalhando com uma comunhão e uma aliança sagradas, por meio da utilização de sua Energia de Comando, vocês podem começar a jornada em uma experiência de Unidade com a energia das forças naturais coletivas.

É possível que uma união sagrada se forme entre sua essência dentro da Energia de Comando e as forças da Natureza. Isso é uma verdade. Parte de seu destino está entrando em alinhamento com uma comunhão sagrada com as forças da Natureza. Ao se abrirem para essa união, sua Energia de Comando pode se expandir e seu portal no centro do coração pode se transformar dimensionalmente para conter essa conexão de comunhão. Seu coração vai nascer dimensionalmente como uma estação receptora natural ao trabalhar com as forças da Natureza. Esses elementos de iniciação contidos nas forças da Natureza permitem que seu coração se desdobre por meio desses novos alinhamentos multidimensionais com o portal de seu coração. As forças da Natureza contêm elementos poderosos dos Princípios de Vida. Enquanto vocês são naturalmente realinhados, vocês começam a fluir livremente com novas verdades sagradas.

Quando vocês trabalham com as forças da Natureza por meio de sua Energia de Comando, vocês sempre trabalham por meio de seu centro telepático. Vocês começam trabalhando por uma conexão de comunhão telepática para se alinhar com as conexões sagradas de luz que estão contidas na Unidade da Natureza. Essa energia de Unidade nasce por intermédio de vocês, para sua transformação.

Quando vocês fazem uma conexão de comunhão telepática, ajuda começar com uma forma estável da Natureza, por exemplo: uma montanha, uma árvore, uma flor ou uma pedra. Vocês precisam escolher com o que irão se conectar primeiro e então começar o processo de alinhamento telepático com sua Energia de Comando.

Saibam que vocês podem ter em mente o objeto com o qual irão se conectar, mas, no momento da conexão, podem ser movidos a se conectar com alguma outra coisa da Natureza. Percebam que provavelmente sua ideia original vinha da mente do ego, e vocês são movidos por seu aspecto divino a uma conexão de apoio para vocês neste momento. *Vocês podem confiar em sua experiência.*

Quando vocês se conectam por meio de sua Energia de Comando com qualquer aspecto da Natureza, podem descobrir que sua experiência da forma dentro da conexão se apresenta diferentemente em seu estado energético. Lembrem-se: vocês estão trabalhando por meio de sua Energia de Comando, que está além da terceira dimensão. Vocês estão se alinhando com uma experiência de quarta/quinta dimensão — e possivelmente de sexta dimensão com aquela forma natural. Vocês estão experienciando o aspecto energético multidimensional dessa forma natural dentro de sua conexão de comunhão telepática. Então a energia da forma natural com a qual vocês estão se conectando pode parecer incrivelmente grande ou ter forma diferente porque vocês estão vendo toda a essência energética da forma natural. Estejam conscientes de que as formas na Natureza, a sua forma, são diferentes quando experienciadas fora do aspecto tridimensional. A experiência telepática os leva além da configuração tridimensional.

O trabalho com o mundo das forças da Natureza pode ser desorientador e confuso quando vocês começam a se alinhar com esse espaço multidimensional. Ele segue um ritmo diferente daquele do mundo energético dos reinos espirituais. As energias das forças da Natureza têm uma formação energética coletiva nelas, que vai levá-los a experiências únicas. Elas são parte da Unidade, mas operam com uma configuração energética que muitos de vocês nunca experienciaram antes nesta vida. Não duvidem de seu lugar nessas interações. Vocês têm um lugar nessas configurações; ele é somente diferente. É importante abraçar um aspecto de vocês que pertence a este lugar — que sempre pertenceu.

Quando vocês trabalham com as forças da Natureza, uma interação poderosa acontece entre vocês e qualquer forma da Natureza com a qual vocês decidirem se alinhar. Essa interação vai ampliar sua capacidade expandindo suas energias para novos níveis. Pode ser desafiador no começo, mas é hora de vocês crescerem e permitirem esse próximo passo de união sagrada e reunião com esses aspectos das forças da Natureza.

Usem a energia da terra para sustentá-los, ancorando-se profundamente na terra antes de começarem seus alinhamentos. Vocês podem fazer isso se sentando fisicamente na terra. Sintam-se sendo absorvidos pela terra. Ou vocês podem sentir uma conexão física por meio da sola dos pés ao pisarem na terra. Ao completarem seu processo telepático também é muito importante usar o solo como uma ferramenta de integração. Deitem-se na terra e soltem. Permitam sua integração por meio da energia da terra. Sintam a terra embaixo de vocês, apoiando-os. Respirem sua Energia de Força Vital.

Trabalhando com sua Energia de Comando, com essa comunicação telepática e com as forças da Natureza, vocês podem ajudar muito na transição do planeta. Para muitos de vocês, parte de sua missão é trabalhar na configuração de novas linhas dos circuitos energéticos para ajudar no nascimento dessa nova energia dimensional que está ancorando no plano terrestre agora. Muitos de vocês têm outros papéis a desempenhar com as forças naturais do planeta. Esses papéis lhes serão revelados enquanto vocês fazem sua jornada por meio dessa Comunhão Sagrada com sua Energia de Comando.

Por outro lado, as forças da Natureza desempenham um papel poderoso na integração da estrutura cristalina de vocês e os apoiam muito em seu processo de despertar. Ao se conectarem com as forças da Natureza, uma forte energia de cura entra nas células de seu corpo por meio dessa comunhão sagrada. Vocês se realinham com seus sistemas fisiológicos por meio da essência pura da Natureza, que reequilibra o corpo e realimenta o espírito de sua natureza, trazendo uma profunda paz e calma interior.

Neste Novo Alvorecer, vocês estão destinados a entrar em alinhamento com a Natureza e a trabalharem em conjunto com uma aliança de Escolha Consciente. Esse passo dos pré-acordos os impulsiona em direção a essa aliança natural e os aproxima mais da iluminação.

Meu despertar com as forças da Natureza foi um aspecto profundo e essencial de minha cura física e emocional. Por meio da Natureza fui capaz de me conectar primeiro com minha criança interior. Era um lugar seguro para que eu encontrasse os meus aspectos tristes e magoados. Muitas vezes fui acalentada pelos elementos da Mãe Terra e pela energia do Pai Sol. Ser acalentada por essas poderosas forças propiciou um reequilíbrio de meu aspecto emocional. Minha primeira experiência com a Natureza veio quando saí de minha primeira tenda do suor.

Entrei na tenda do suor sem conexão com qualquer aspecto da Natureza ou com as forças da Natureza. Durante a jornada, fiquei cara a cara com uma montanha de medo. O único modo de sobreviver ao medo esmagador foi colocar meu dedo mínimo na terra, e passei pela experiência de ser acalentada pela Mãe Terra. Eu mantive o foco completamente nessa conexão.

Foi por meio do poder milagroso dessa conexão que fui capaz de permanecer na jornada e completar minha sessão de suor. Saí da tenda do suor renovada e tive a experiência direta de que meus medos nunca poderiam me atingir. Ao olhar em volta, ouvi as pedras falando comigo e podia sentir a essência das árvores e da terra. Desde essa época, minha conexão com as forças da Natureza continuou a se expandir e recuperei a confiança na vida.

Ao avançar com minha cura pessoal, comecei uma iniciação profunda por meio dos mundos xamânicos com os Pleiadianos e comecei a cultivar essa conexão em um nível consciente. Por intermédio de um poderoso redespertar de meu aspecto xamânico, eu formei uma realiança natural com os mundos xamânicos. Para mim, essa foi uma experiência libertadora, mas desafiadora, à medida que voltava para um lugar de Unidade com a Natureza, retomando plenamente meu lugar de poder com os Anciãos na Tenda Sagrada.

A iluminação vem com o término da separação, por meio da reunião com seu aspecto divino e com toda a força vital no Universo. Ao trabalhar com uma comunhão telepática sagrada com as forças da Natureza, acabamos com outro aspecto de separação interior. Isso faz parte do destino de todos os seres humanos nesta vida!

Criando Seus Próprios Alinhamentos Energéticos

Agora é hora de criar seus próprios alinhamentos energéticos para que possam dar à luz e ancorar sua "assinatura sagrada" através de seu campo energético. Sua assinatura sagrada contém um aspecto único de sua luz divina, que interage por meio do Universo, abrindo-os para espaços dimensionais que os conectam com os Princípios de Vida. Comparo-a com uma impressão digital. Vocês são reconhecidos e honrados pela essência sagrada que carregam na assinatura sagrada e são automaticamente conectados a esses princípios sagrados por seu processo de ressurreição contínua.

Sua assinatura sagrada começa a dar à luz uma energia interior de completamento ao começar a transmitir para o Universo. Sua assinatura também flui além do plano terrestre e por meio dele, ajudando a ancorar uma energia de luz com outros seres humanos no planeta Terra.

Uma energia coletiva se forma por intermédio de todos vocês que ativaram suas "assinaturas de luz". Juntos, vocês criam uma unidade revolucionária de amor, que cria uma configuração dimensional expandida no planeta. Esse aspecto pioneiro de amor é o que vai fazer a diferença na irradiação da energia desta era do Novo Alvorecer. Suas "assinaturas de luz" coletivas criam efetivamente uma imensa luz de despertar na Terra, incentivando muitos outros seres humanos a encontrar seu caminho energético. Essa energia coletiva age como um ímã que atrai aqueles que estão prontos para se juntar a essa eclosão energética. Entendam que para muitos de vocês esse encontro é um pré-acordo.

Há um elemento comum que existe dentro de sua assinatura sagrada, que lhes dá a capacidade de se alinhar telepaticamente uns com os outros por meio de uma comunhão. Quando sua assinatura sagrada ancorar em seu campo energético, vocês descobrirão que podem transmitir uma intenção por meio de seu centro telepático, conectando-se com todos aqueles que têm um elemento de amor em comum. Vocês enviam um sinal que é sentido e reconhecido por cada assinatura sagrada e são então atraídos uns pelos outros por meio de uma força de luz magnética.

Sua essência se junta a uma energia coletiva necessária para apoiar o ancoramento e a estabilização dentro do planeta. Essa luz coletiva ajuda outros seres humanos a iniciar e se alinhar com seu processo de despertar. Lembrem-se: como seres humanos, sua energia desperta tem muito mais impacto na transformação do planeta. Outras energias dentro do Universo estão apoiando, é claro, mas a transformação de vocês é o que mais contribui. Como seres humanos, vocês criam uma enorme onda de luz pelo seu processo de ressurreição, que se transfere diretamente para a energia de despertar do planeta.

Agora é o momento de vocês criarem sua própria assinatura de luz sagrada por meio da criação de seus próprios alinhamentos energéticos. Esse é um processo simples e natural feito por intermédio de sua Energia de Comando. Conforme vocês criam três alinhamentos energéticos, vocês usam um som sagrado nos alinhamentos enquanto os mantêm com sua Atenção Consciente. Os três alinhamentos energéticos formam uma união sagrada, interagindo e se juntando de algum modo. Essa conexão pode ser formada física ou energeticamente, e isso da à luz sua assinatura sagrada.

Amados,

Vocês estão no limiar de outro ponto decisivo ao darem esse passo hoje e ativarem seus portais energéticos. Vocês descobrirão uma nova profundidade dentro de vocês. Com um único momento no tempo, uma respiração, vocês levam seu Self para outro estado de ser.

Vocês de fato se conectam com aspectos de seu Self que estiveram adormecidos. Agora vocês avançam de mãos abertas e tentam alcançar seu Self. Vocês recebendo a si mesmos, como uma criança dando seus primeiros passos.

Respirem e avancem em direção ao brilho de sua luz. Respirem e recebam seu Self através dos portais de luz internos. Nós apoiamos vocês com amor e com grande reconhecimento por todos os momentos que os levam ao agora.

Bênçãos,
Os Pleiadianos.

Dando à Luz Sua Nova Energia da Matriz

Arquivo de Áudio: Capítulo 11
Arquivo de Áudio nº 1
Som Sagrado: ASHA TAE

Agora que vocês ativaram sua Energia de Comando, têm acesso natural à sua linha de Destino. A ponte de acesso à sua matriz está aberta para que as mudanças energéticas necessárias sejam feitas. Os Pleiadianos criaram um recipiente energético, que vai dar à luz e então ativar sua nova energia de matriz.

1. Ativem seu núcleo. Este primeiro passo é muito importante porque seu núcleo vai refletir energeticamente a energia transformada de sua matriz. Juntem as palmas das mãos no centro da linha do coração (no esterno). Levem sua Atenção Consciente para onde as palmas se encontram e façam uma Respiração Consciente. Soltem e alinhem-se com seu núcleo, com a abertura. Sintam a abertura de seu núcleo e permitam-se ancorar, como as raízes de uma árvore na terra.
2. Vocês vão construir a energia do núcleo abrindo sua Energia de Comando dentro dele. Usem o som sagrado ASHA TAE. Sua Energia de Comando vai expandir sua energia do núcleo. Integrem essa energia expandida.
3. Vocês ganharão acesso à sua linha de Destino por meio da conexão do portal. Vocês vão entrar pelo portal de sua linha de Destino por intermédio de sua Energia de Comando.

Comecem um alinhamento com sua Energia de Comando. Façam isso se alinhando com seu núcleo. Ao se abrirem para seu núcleo expandido, ativem sua Energia de Comando ASHA TAE. Sintam ou intuam sua Essência se construindo à medida que vocês se expandem por meio de seu núcleo.

4. Agora vocês vão acessar seu portal dentro do centro do coração. Posicionem as palmas das mãos no centro do coração. Levem sua Energia de Comando para o centro do coração. Deixem que seu centro do coração se amplie.
5. Vocês vão levar a Energia de Comando até o portal. Usem ASHA TAE conforme o fizerem. Sua linha de Destino vai se abrir dentro de seu portal. Levem toda a sua Respiração de Força Vital para sua linha de Destino e soltem. Vocês serão levados. Sintam ou intuam seu Self entrando em um espaço energético que contém seu Molde atual. Abram-se para a energia de sua matriz por meio da Energia de Comando.

   Usem ASHA TAE se for necessário, caso vocês ainda não estejam totalmente alinhados com sua Energia de Comando. Abram toda a sua consciência para a essência de sua Energia de Comando e sintam toda a energia contida em sua matriz atual. Simplesmente soltem. Ao levarem toda a sua Energia de Comando para sua matriz, um recipiente energético se formará ao redor de sua energia de matriz.
6. Sintam a construção de sua essência dentro de sua Energia de Comando. Respirem sua Energia de Força Vital, enviando-a para abrir o recipiente energético que se formou para dar à luz sua energia de matriz.
7. Construam sua Energia de Comando nesse recipiente energético. Usem ASHA TAE para levar toda a força de

sua Energia de Comando para o espaço, preenchendo-o com sua energia consciente. Então levem sua Respiração de Força Vital para o recipiente. Sintam ou intuam a energia começando a nascer. Continuem a usar sua Respiração de Força Vital, trabalhando com essa energia criadora que está se formando.

Abram-se para toda a sua essência de Energia de Comando e testemunhem toda a formação dessa nova energia de matriz. Continuem a se soltar e a Ser. Deixem que tudo o que está aqui para vocês neste momento flua. Deixem que a experiência aconteça.

8. Quando se sentirem completos, voltem para sua posição de núcleo. Seu núcleo refletirá sua nova energia de matriz. Integrem-se por meio de seu núcleo e soltem. Nota: é importante usar a energia da terra para uma integração total. Deitem-se na terra e soltem.

Abrindo-se em Sua Confiança Sagrada

Arquivo de Áudio: Capítulo 11
Arquivo de Áudio nº 2
Som Sagrado: ASHA TAE

1. Levem ambas as mãos a se conectarem com o centro do coração. Usem sua Respiração de Força Vital consciente para expandir sua conexão com o coração. Ancorem sua Energia de Comando por meio de seu espaço cardíaco. Usem o som sagrado ASHA TAE.
2. Agora vocês vão acessar seu portal dentro do centro do coração. Levem sua Energia de Comando para a abertura

de seu portal. Usem nele sua Respiração de Força Vital. Sintam ou intuam a ativação de seu portal.

3. Vocês irão aprofundar sua Energia de Comando no portal. Usem ASHA TAE; ao fazerem isso, sua linha de Destino vai se abrir no portal. Levem toda a sua Respiração de Força Vital para sua linha de Destino e soltem. Vocês serão levados para a ponte.

Diagrama N

4. Elevem sua mão direita para se abrirem para seu centro telepático. Levem sua Atenção Consciente para a Energia de sua postura de mão e então sigam a linha de energia para a abertura de seu centro telepático. Levem o tempo que for necessário para se abrirem para a energia de seu centro. Respirem e soltem.
5. Levem a consciência para a Forma Codificada e esperem para que seu centro telepático a absorva. Vocês vão trabalhar com a Forma Codificada para a confiança sagrada (vejam o Diagrama N).
6. Agora coloquem a Forma Codificada de seu centro telepático na ponte. Vocês fazem isso levando sua conexão telepática à ponte e esperando até que a ponte absorva a Forma Codificada. Sua ponte em sua linha de Destino reconhecerá sua Forma Codificada, que funciona como a chave para uma porta. A passagem se abre em sua confiança sagrada.
7. Sua passagem para a confiança sagrada está aberta, mas vocês precisam entrar com sua Energia de Comando. Não tenham pressa na ativação de sua Energia de Comando e

se alinhem completamente com sua essência. Usem ASHA TAE.

8. Vocês entram na passagem com sua Essência de Comando e com toda a sua atenção consciente. Usem então sua Respiração de Força Vital, respirando na passagem. Isso os levará para a energia de sua confiança sagrada.
9. Alinhem-se com sua Energia de Comando e usem ASHA TAE. Então estendam seu braço direito para a frente, com a palma da mão e os dedos bem abertos, como se estivessem procurando dentro de um pacote para receber alguma coisa. Ao entrarem em sua confiança sagrada para receberem, alinhem-se mais com sua Energia de Comando e usem ASHA TAE.

   Então levem sua Atenção Consciente para a mão e abram-se para receber o que lhes aguarda. Simplesmente soltem e sigam a corrente. Lembrem-se: respirem, enviando o ar para o que lhes foi dado. Desembrulhem o presente tocando-o com sua Atenção Consciente e usando sua Respiração de Força Vital.
10. Quando terminarem, levem sua mão diretamente de volta para vocês. Conectem-na com o plexo solar; a parte inferior da mão se conecta com o plexo solar. A energia de sua confiança sagrada vai se integrar com seu plexo solar e então com seu campo energético.
11. Voltem para seu centro do coração com ambas as mãos conectadas. Levem todos os aspectos de sua Atenção Consciente para o coração. Integrem-se. Levem todo o tempo que for necessário para completarem sua integração.

Trabalhando com as Forças Naturais

Arquivo de Áudio: Capítulo 11
Arquivo de Áudio nº 3
Som Sagrado: ASHA TAE
Som Sagrado: EE

Lembrem-se: primeiro escolham com o que vão se conectar na Natureza, e então comecem seu processo.

1. Ativem seu núcleo. Este primeiro passo é muito importante sempre que vocês forem trabalhar com as forças da Natureza. Um ancoramento forte do núcleo vai ajudar vocês a se aprofundar nas energias multidimensionais com o mundo das forças da Natureza e a manter a estabilidade dessa conexão. Isso os ajudará a ancorar, já que estão trabalhando com os níveis de sua Energia de Comando dentro de seu centro telepático. Levem o tempo que precisarem para que um nascimento e um ancoramento completos ocorram por meio de seu núcleo antes de passarem para o próximo passo.

   Juntem as palmas das mãos no centro de sua linha do coração (no esterno). Levem sua Atenção Consciente para onde as palmas se encontram e façam uma Respiração Consciente. Soltem e entrem em alinhamento com seu núcleo, com a abertura. Sintam a abertura de seu núcleo e ancorem, como as raízes de uma árvore na terra.

2. Movam suas mãos e as posicionem no centro do coração. Sintam sua conexão com o centro do coração e levem sua Atenção Consciente para dentro dele. Usem sua força vital para se conectarem com suas células cardíacas. Então le-

vem sua Atenção Consciente para o portal dentro do coração. Usem o som EE para abrir o portal. Isso os alinha com sua conexão natural com sua Energia de Comando.

3. Levantem sua mão direita para abrir seu centro telepático. Levem sua Atenção Consciente para a energia de sua postura de mãos e então sigam a linha de energia até a abertura de seu centro telepático. Respirem e soltem.
4. Comecem a construir sua Energia de Comando, usem seu som sagrado ASHA TAE. Sintam ou intuam sua energia se construindo. Sintam ou intuam sua conexão com seu centro telepático se expandindo de algum modo.
5. Estendam a palma da mão direita para se conectar com a forma natural que vocês escolheram. Lembrem-se: toda conexão com a natureza se dá por meio de seu centro de comunhão telepática. Avancem com sua Energia de Comando até a forma natural e permitam a conexão.
6. Simplesmente soltem-se em sua experiência. Permitam toda a sua abertura dentro de todos os aspectos de si mesmo e, ao mesmo tempo, comecem a se abrir para todos os aspectos da forma natural.

   Usem sua Respiração de Força Vital e respirem, enviando o ar para essa reunião que está ocorrendo. Isso expandirá a energia de comunhão. Continuem a soltar. É por meio do soltar que vocês podem se alinhar cada vez mais com sua experiência. Nota: se lhes parecer apropriado, vocês podem construir outro nível de sua Energia de Comando. Usem ASHA TAE durante essa conexão com a forma natural.
7. Quando estiverem prontos, rompam gentilmente a comunhão com a forma natural levando sua Energia de Coman-

do e sua Atenção Consciente de volta à sua mão. Então desconectem seu centro telepático abaixando a mão direita.

8. Levem suas mãos ao centro do coração e levem toda a sua Atenção Consciente para dentro dele. Usem sua Respiração de Força Vital para integrar a energia da interação com as forças da Natureza.
9. Voltem para sua posição de núcleo e integrem completamente essas expansões multidimensionais. Levem todo o tempo que precisarem para permitir uma integração completa.

Criando Seus Alinhamentos Energéticos

Arquivo de Áudio: Capítulo 11
Arquivo de Áudio nº 4
Som Sagrado: ASHA TAE
Som Sagrado: EE SHAH

Vocês criarão seu alinhamento energético com sua Energia de Comando. Vocês usarão sua Energia de Comando para dar à luz tais alinhamentos sagrados e esses alinhamentos gerarão ajustes automáticos em seu sistema. Nota: ao darem à luz três alinhamentos energéticos, eles formarão uma assinatura sagrada interior que ancorará em seu campo energético.

1. Ativem seu núcleo. Esse primeiro passo é muito importante sempre que vocês forem trabalhar com a criação de alinhamentos energéticos. Um forte ancoramento do núcleo vai ajudá-los a se aprofundar mais em todas as energias de seu campo energético e criarem esses alinhamentos.

Juntem as palmas das mãos no centro da linha do coração (no esterno). Levem sua Atenção Consciente para onde as palmas se encontram e faça uma Respiração Consciente. Soltem e entrem em alinhamento com seu núcleo, com a abertura. Sintam a abertura de seu núcleo e deixem o ancoramento fluir, como as raízes de uma árvore na terra.

2. Vocês criarão um movimento de infinito em seu espaço cardíaco. As palmas das mãos estão juntas, e vocês começam a movê-las de sua posição inicial no esterno. Criem o movimento de infinito para os lados, a partir da posição central e então cruzando o peito, passando pela posição central do esterno e indo para o outro lado, para completar o movimento de infinito. Completem-no voltando à sua posição do núcleo. Esse movimento dará à luz um espaço dimensional expandido por meio de seu núcleo. Vejam o desenho do movimento de infinito demonstrado no Diagrama O. Nota: vocês podem começar por qualquer lado, esquerdo ou direito. Não importa.

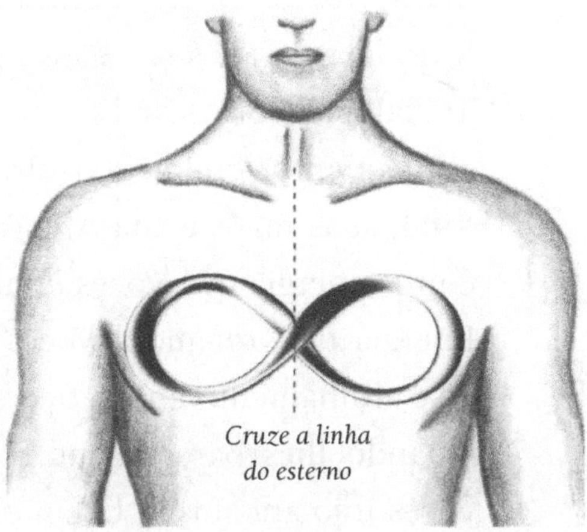

Diagrama O

3. Voltem para sua posição do núcleo, integrem sua energia dimensional nele. Levem sua Atenção Consciente para o núcleo, respirem e soltem.

4. Levem sua Atenção Consciente para seu campo energético. Vocês construirão sua energia de comando por meio de seu campo energético. Vocês farão isso até sentirem ou intuírem que têm Energia de Comando suficiente para construir seu primeiro alinhamento energético. Usem seu Som Sagrado ASHA TAE.
5. Levem as palmas das mãos, direcionadas para cima, até seu campo energético e levem sua Atenção Consciente até as mãos. Vocês sentirão, intuirão ou verão a energia que se formou indo até suas mãos.
6. Trabalhem com sua Energia de Comando para criar os alinhamentos energéticos. Usem sua Respiração de Força Vital, suas mãos e sua Atenção Consciente para trabalhar com a energia que vocês criaram por meio do som de sua Energia de Comando. Vocês podem ver, intuir ou sentir esse alinhamento energético conforme ele é criado.
7. Quando lhes parecer que o alinhamento está completo, vocês irão ancorá-lo. Usem o som sagrado EE SHAH. Coloquem o som em seu alinhamento energético e isso ancorará seu alinhamento em seu campo energético. Testemunhem seu alinhamento energético mudando sua forma energética ao ancorar.
8. Agora retornem para o centro do coração, com ambas as mãos se conectando com o coração por intermédio das palmas. Levem sua Energia de Comando para a construção dessa conexão cardíaca. Usem ASHA TAE.
9. Levem a essência de sua Energia de Comando de volta para aquele alinhamento energético com seu campo energético. Levem sua Respiração de Força Vital para o alinhamento; sintam ou intuam a transformação dele.

10. Levem sua Energia de Comando de volta para seu centro do coração. Isso cria uma passagem entre o alinhamento energético e seu coração. Integrem-no através de seu coração. Levem todo o tempo que for necessário para que uma integração total aconteça.

Para Dar à Luz Sua Assinatura Sagrada

1. Primeiro vocês precisam criar os três alinhamentos energéticos descritos anteriormente.
2. Levem sua Atenção Consciente para todos os três alinhamentos energéticos dentro de seu campo energético e usem o som sagrado ANAE SHEAN até que todos os alinhamentos tenham formado um fluxo único entre eles ou possivelmente nascido em uma forma única.
3. Ancorem sua assinatura sagrada com o som EE SHAH. Sua assinatura sagrada é agora ativada por meio de seu campo energético. Saibam que, conforme dão à luz sua assinatura sagrada, vocês ativam uma onda de luz pelo Universo e pelo plano terrestre. Seu padrão único de luz tem um impacto sobre toda a força vital do Universo, incluindo todos os seres humanos e o planeta Terra.

12
Alinhando-se com Seu Fluxo Sagrado, Reunindo-se ao Seu Lugar

Ao me sentar para escrever este capítulo final, sinto-me profundamente comovida pelo fato de os Pleiadianos compartilharem comigo o que eles precisam relatar a vocês neste momento. Isso me levou a me questionar: *posso fazer isso? Serei capaz de transmitir tudo isso de um modo que vocês possam receber e compreender toda a importância desse próximo passo?* Temi por causa de minha incapacidade de transferir para o papel o que os Pleiadianos estão me proporcionando por meio dessa transferência de pensamento. Ao me soltar, tudo o que peço é que eu tenha usado as palavras corretamente, para que vocês compreendam totalmente a mensagem.

Foi grandiosa a aventura que vocês empreenderam nesta vida, uma história que dentro de nossos reinos dimensionais leva não mais que um momento para se completar. Quando criaram seu projeto — a história que iriam viver aqui no plano terrestre —, vocês o iniciaram a partir da realidade dos reinos dimensionais, não da realidade do plano tridimensional.

Vocês colocaram em sua história tudo o que queriam e precisavam experienciar para dar seu próximo passo, para que pudessem compreender esse momento e tomar parte nesse enorme despertar no plano terrestre. Vocês escolheram as pessoas com quem teriam experiências e elas os escolheram. Fizeram pré-acordos uns com os outros para aprender por meio das interações que teriam entre si. Comemoraram esses pré-acordos antes de virem para cá.

Vocês também fizeram outros pré-acordos para esse momento. Esses pré-acordos abrangem energias diferentes para propósitos diferentes. Envolvem compromissos mútuos e conexões diversas, visando completar uma missão específica no plano terrestre neste período do Novo Alvorecer. Envolvem também, é claro, os pré-acordos de outros seres humanos. O mais importante foi aquele pré-acordo que vocês fizeram com certa "energia de força vital" ou com grupo de energias de força vital da Coletividade Universal. Exemplos de algumas das possíveis energias dos pré-acordos são as energias espirituais, os Anjos, os Seres de Luz e os Mestres. Outros incluem pré-acordos com as forças alienígenas — os Pleiadianos, os Sirianos e as energias estelares. Alguns de vocês firmaram acordos com os Lemurianos e os Atlantes.

Com a ajuda dessa energia dos pré-acordos, vocês entrarão em um "ciclo completo" e retornarão ao seu lugar no Circuito Universal. Ficarão no plano terrestre para ter sua experiência humana e ao mesmo tempo se alinharão conscientemente com seu aspecto espiritual divino em seu lugar no Circuito Universal. Essa é a missão de pré-acordo a ser concluída nesta vida!

Por que esse pré-acordo é tão necessário? Parte de sua missão aqui consiste em chegar a um ponto em que vocês precisarão trabalhar com alianças energéticas para apoiar a evolução de seu Self humano rumo a uma "energia de completude". Isso foi projetado para que vocês pudessem finalmente aprender as lições de comunhão com seu aspecto humano. À medida que seu aspecto humano se transformava nessa experiência de comunhão com sua aliança energética, simultaneamente se forjaria uma comunhão entre seu aspecto divino e seu Self humano, acabando com a separação dentro de seu aspecto humano.

Não estou falando de um relacionamento de comunhão "perfeito"; isso não é necessário. A experiência de um simples momento de comunhão de seu aspecto humano com seu Self é suficiente. Naquele momento, a separação entre o aspecto humano e o Self acaba. Dentro daquele momento, que é realmente atemporal, há um ancoramento sagrado que nasce das células de seu corpo. Vocês reivindicam e ancoram seu lugar no lar do Circuito Universal. Ajudam a completar a imagem para seu Self e para o Universo.

Essa era a intenção do pré-acordo: ajudar seu aspecto humano a se transformar em alguns dos aspectos de quarta/quinta dimensão da experiência.

Vocês se lembram da energia de completude? Isso incluía a mudança de relacionamento do seu aspecto humano com o Self: de um relacionamento tridimensional de autocondenação da mente do ego para um relacionamento de quarta/quinta dimensão por meio do coração, criando um alinhamento transformado com seu Self. Vocês estão entrando em um lugar de amor-próprio, compaixão, paciência, despertar e vivência consciente enquanto aspecto divino sagrado do Self. Ao mesmo tempo, vocês podem continuar a ter sua experiência humana, cometendo erros e sendo vulneráveis, e tudo isso enquanto estão despertos.

Seu processo de iluminação depende do fim da separação entre seu aspecto humano e seu aspecto divino desperto do Self. Deve haver uma experiência de união entre esses aspectos para que vocês possam ter essa experiência direta de Unidade dentro das células de seu corpo. Isso cria um certo nível de energia de completude.

Vocês agora já quase retornaram ao lar, a um lugar de lembrança. Trabalharam para conduzir o Self para um lugar de autorressurreição. A hora em que haverá completude para muitos de vocês está próxima. No entanto vocês ainda têm alguns passos importantes a dar, e eles contêm percepções sutis que vocês precisam estar dispostos a receber, ouvir e realmente Ser com elas. Entender um conceito não é o suficiente. Vocês precisam se abrir para o conceito e lhe dar vida por meio da experiência direta. Só então ele será redesperto através de vocês, dentro de suas células.

Agora vocês vão trabalhar conscientemente com sua Energia de Comando. Vocês precisam do apoio de sua Energia de Comando para se conectarem com a aliança energética com a qual fizeram um pré-acordo. Esse é seu próximo passo, rumo à experiência de um momento de Unidade com seu aspecto humano.

À medida que essa experiência de Unidade com o Self despertar em vocês, vocês poderão ser uma plataforma para o resto do planeta, pois carregarão a experiência direta em suas células e em seu campo energético. Um único momento de Unidade basta para ancorá-la em suas células e em seu campo energético. Os momentos de experiência são cumulativos, de modo que os momentos de experiência da Unidade vão se tornando mais fáceis. A experiência de vocês também ajuda os que vêm depois a transformar esse aspecto da humanidade deles. Então, à medida que cada ser humano se transforma desse modo, a plataforma cresce.

Vejam, ninguém pode ajudá-los nesta parte. Suas alianças energéticas não podem manter a plataforma, porque não são humanas. Somente vocês, que contêm o aspecto humano dentro de vocês, aqueles que fizeram o pré-acordo de manter essa plataforma para o resto da raça humana, podem fazer isso, se abrindo para essa experiência direta de Unidade.

Muitos de vocês estão prontos para esse passo de transformação. Até agora, seu foco principal foi seu despertar espiritual. Agora é a hora de levar o foco ao seu aspecto humano para que vocês experienciem um momento de comunhão sagrada. Essa experiência de comunhão cria uma configuração energética que capacita sua parte humana a ter uma experiência de união sagrada. Cada experiência de comunhão ancora a essência da Unidade nas células de seu corpo. Esse ancoramento de Unidade nas células permite que seu aspecto humano e seu Self sagrado se encontrem além da ilusão tridimensional.

Gostaria de compartilhar minha história com vocês, um momento de Unidade com meu aspecto humano: a Mãe Maria foi uma aliança do meu pré-acordo. Eu estava visitando um dos locais sagrados em que ela apareceu muitas vezes. Esse local é um dos meus preferidos em todo o planeta. Estava sentada em uma capela onde ela havia aparecido muitos anos antes. Na parede havia uma imagem pintada de Maria transmitindo energia através de seus olhos para alienígenas; para mim, eles tinham a energia dos Pleiadianos. Eu então pude sentir que ela transmitia a sua energia para mim. Ela falou diretamente com meu aspecto humano e disse: “Seu Self ainda está pregado na cruz!”.

Eu me surpreendi porque pensei que já havia superado minha autocondenação. Uma parte de mim sabia que ela estava certa — eu ainda me atinha a aspectos de meu passado. Repentinamente, tudo começou a se distanciar de mim. Vi minha cruz queimando e vi que não havia volta. Naquele momento, toda a minha vida passou diante de mim: todos os papéis que eu havia representado e todos os atores, incluindo eu mesma. Entrei então em um lugar de amor-próprio, alegria e gratidão por tudo aquilo que eu havia passado e por todos que haviam desempenhado seus papéis. Entrei em um estado de Unidade com Maria, me uni a ela.

Toda aquela experiência está ancorada em minhas células. Posso voltar àquela experiência a qualquer momento, e à medida que compartilho isso com vocês agora posso sentir a alegria e a liberdade borbulhando dentro de mim. É a isso que o Espírito se refere quando diz que cada momento é atemporal. Sou livre e experienciei e ancorei plenamente meu momento de Unidade. Isso quer dizer que vivo nesse estado o tempo todo? Não. No entanto não sou a mesma desde então, e isso porque naquele momento meu aspecto humano e meu aspecto divino forjaram uma união inquebrantável.

Por meio de minha interação humana com a Mãe Maria, eu fui capaz de ancorar aquele momento de união sagrada nas células de meu corpo. Isso me levou a uma reunião com o aspecto sagrado do meu Self, porque meu aspecto humano saiu da experiência tridimensional com a Mãe Maria. Isso me deu a possibilidade de me encontrar com meu Self sagrado no nível da quarta/quinta dimensão, acabando com um elemento de separação entre minha humanidade e um aspecto do meu Self.

Isso me permitiu começar uma nova jornada em minha experiência humana. Fui capaz de abandonar muitas das velhas mágoas, dos velhos conceitos, e ter um nível mais profundo de amor por mim mesma. Por sua vez, isso me permitiu expandir a compaixão por mim e também expandir a mesma compaixão e amor pelos outros. Ganhei uma compreensão maior da jornada, e por meio dessa clareza fui capaz de entrar em contato com meu Self divino, aprofundando a conexão. Cada vez que tive momentos de conexão, minha conexão me levou a um amor-próprio maior.

Então é com grande amor e profunda gratidão que avanço com cada um de vocês aqui em sua jornada. Saibam que eu mantenho a plataforma dessa jornada completa para cada um de vocês, e é meu profundo desejo que cada um de vocês se junte a mim, estruturando essa plataforma essencial para os outros que os seguirão.

Vamos começar a analisar os processos que os Pleiadianos desenvolveram para que vocês se conectassem novamente com a energia do pré-acordo que fizeram para dar esse próximo passo. É importante que vocês tenham essa experiência. Ela vai permitir que vocês soltem completamente e avancem com seu plano. Os Pleiadianos me disseram que projetaram uma configuração energética com uma Câmara para levá-los de volta ao momento em que vocês ancoraram esse pré-acordo energético específico. É hora de vocês ativarem esse pré-acordo com essa aliança energética e então darem o próximo passo do seu plano.

Vocês estão prontos para trabalhar com esse primeiro processo? Saibam que podem pedir meu apoio em cada passo que acharem necessário. Trabalharão inicialmente com sua Energia de Comando para entrar no espaço energético da Câmara. Vão trabalhar por meio de seu centro de comunhão telepática para se comunicar com sua energia de aliança de pré-acordo. Terão outro nível de apoio nessa jornada de missão especial com a aliança de pré-acordo energético, que se compromete com vocês em cada passo desse processo. Seu portal vai se expandir para uma nova configuração dimensional, permitindo que vocês se abram para essa nova conexão de pré-acordo.

Vocês chamarão seu aspecto humano para testemunhar e então participar dessa conexão de comunhão com a energia de aliança de pré-acordo.

Alinhando-se à Câmara Energética

Arquivo de Áudio: Capítulo 12
Arquivo de Áudio nº 1
Som Sagrado: ASHA TAE
Som Sagrado: EE

1. Levem ambas as mãos a se conectarem com seu centro do coração. Usem sua Respiração de Força Vital consciente para expandir a conexão com o coração. Ancorem sua Energia de Comando através de seu espaço do coração usando o som sagrado ASHA TAE. Permitam a expansão e recebam seu coração conscientemente. Agora mesmo começa um alinhamento com sua Energia de Comando ao reivindicarem seu coração.
2. Agora vocês vão acessar seu portal a partir do centro do coração. Levem sua Energia de Comando para a abertura do portal. Sintam a ativação dele. Coloquem, então, o som EE nele. Sintam ou intuam outra abertura ali. Soltem à medida que a energia de seu portal se abrir. Usem sua Respiração de Força Vital e coloquem-na toda no portal. Essa expansão de seu portal foi projetada para apoiá-los na Câmara.
3. Vocês vão ativar sua Energia de Comando por meio do portal, usando ASHA TAE. Ao fazerem isso, sua linha

de Destino vai se abrir dentro do portal. Levem toda a sua Respiração de Força Vital para sua linha de Destino e soltem. Vocês serão tocados, sentirão ou intuirão seu Self dentro da Câmara. Essa Câmara contém a energia do Conselho de Luz. Vocês se encontram dentro do círculo do Conselho de Luz.

4. Abram-se para seu centro telepático levantando sua mão direita. Levem sua Consciência para a energia de sua postura de mão. Então sigam a linha da energia até a abertura de seu centro telepático. Levem o tempo que for preciso se abrindo para a energia de seu centro. Respirem e soltem.
5. Abram-se para sua Energia de Comando e usem o som sagrado ASHA TAE. Então levantem a mão direita para se conectar, em uma comunhão telepática, com o Conselho de Luz. Sintam-nos transmitindo as energias de seu pré-acordo com essa aliança energética antes de vocês virem para esse plano terrestre. Usem sua Respiração de Força Vital para se abrirem para essa energia de pré-acordo. Soltem. Levem o tempo que for necessário para sentir, ver ou intuir essa energia. É importante permitir toda a sua experiência e pegar todas as energias que estão se apresentando para vocês.
6. Pede-se que vocês ativem esse pré-acordo agora. Vocês o fazem usando sua Energia de Comando e ancorando-a em seu círculo. Vocês serão testemunhados enquanto ativarem esse pré-acordo. Usem ASHA TAE até que a ativação do pré-acordo pareça estar completa.

Vocês podem ou não conhecer a identidade dessa aliança energética. Caso a conheçam, não a questionem. Neste contexto, é impossível que vocês imaginem alguém, então a identidade que se revelar será sempre a identidade correta. Nota: se vocês não estiverem prontos para ativar esse pré-acordo, não há problema. Essa é sua jornada, e sua negativa será honrada e respeitada.

7. Quando vocês se sentirem completamente integrados pela ativação do seu pré-acordo, coloquem ambas as mãos no centro do coração e levem sua consciência até ele. Integrem-se totalmente e soltem. Permitam toda a integração de sua jornada a partir do centro do coração.

Alinhando-se com Sua Aliança de Pré-acordo

Arquivo de Áudio: Capítulo 12
Arquivo de Áudio nº 2
Som Sagrado: ASHA TAE
Som Sagrado: EE
Forma Codificada A

Agora vocês vão se alinhar com a energia com a qual fizeram seu pré-acordo. Vocês vão trabalhar com uma Forma Codificada que vai levá-los a uma conexão direta com sua aliança de pré-acordo. É importante que vocês se conectem telepaticamente com sua aliança energética, para que possam dar seu próximo passo.

1. Levem ambas as mãos a se conectar com seu centro do coração. Usem a Respiração de Força Vital consciente para expandir sua conexão com seu coração. Ancorem a Energia de Comando em todo o espaço do coração e usem o som ASHA TAE. Permitam a expansão e recebam seu coração conscientemente (*este é o meu coração*). Comecem um alinhamento com sua Energia de Comando, reivindicando seu coração.

2. Agora vocês vão acessar seu portal no centro do coração. Levem sua Energia de Comando para a abertura do portal. Usem a Respiração de Força Vital dentro de seu portal. Sintam a ativação dentro do portal.

   Então coloquem o som EE dentro do portal. Sintam ou intuam outra abertura ali. Soltem à medida que a energia de seu portal se abrir. Usem a Respiração de Força Vital e coloquem-na no portal. Essa expansão do portal é projetada para apoiá-los na Câmara.
3. Vocês vão ativar sua Energia de Comando por meio do portal, usando ASHA TAE. Ao fazerem isso, a linha de Destino vai se abrir dentro de seu portal. Levem toda a sua Respiração de Força Vital para sua linha de Destino e soltem. Vocês serão tocados, sentirão ou intuirão seu Self dentro da Câmara. Essa Câmara contém a energia do Conselho de Luz.
4. Abram-se para seu centro telepático levantando a mão direita. Levem sua Consciência para a energia de sua postura de mão e sigam a linha de energia até a abertura de seu centro telepático. Levem o tempo necessário para se abrirem para a energia de seu centro. Respirem e soltem.
5. Vocês vão trabalhar com a Forma Codificada A (mostrada no Diagrama P). Levem sua Consciência para a Forma Codificada A e esperem até que seu centro telepático absorva a Forma Codificada.
6. Agora depositem a Forma Codificada A de seu centro telepático dentro do círculo do Conselho de Luz. Para isso, levem sua conexão telepática para o círculo e esperem até que a Forma Codificada seja absorvida por ele. Isso vai

levá-los para a essência energética com a qual vocês tinham um pré-acordo.

7. Abram-se em sua Energia de Comando. Usem seu som ASHA TAE. Em seguida, levantem a mão direita para se conectarem em comunhão telepática com a aliança energética com a qual vocês tinham um pré-acordo de ajudar seu aspecto humano a ter uma experiência de comunhão. Simplesmente soltem e permitam a reunião. Vocês podem usar a Respiração de Força Vital para ajudá-los a integrar a energia desse encontro. Permitam uma comunhão completa e uma comunicação telepática entre vocês.

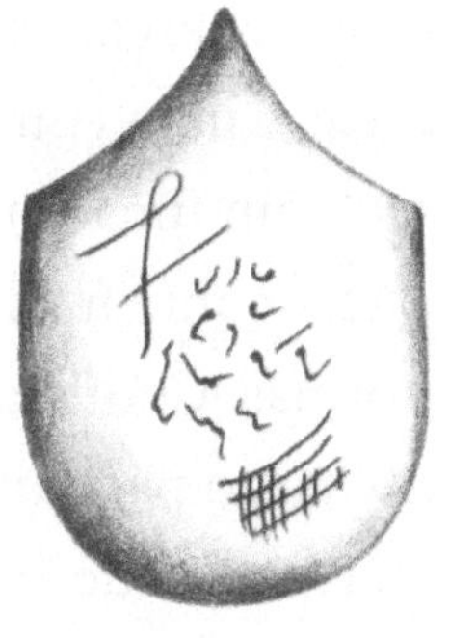

Diagrama P

8. Quando vocês se sentirem completamente integrados nesse encontro, coloquem as mãos no centro do coração e levem sua consciência até ele. Integrem-se bem e soltem. Permitam toda a integração da jornada a partir de seu centro do coração.

Trabalhando com Suas Formas Codificadas para Dar à Luz a Comunhão com Sua Aliança Energética

Arquivo de Áudio: Capítulo 12
Arquivo de Áudio nº 3
Som Sagrado: ASHA TAE
Som Sagrado: EE
Formas Codificadas A, B, C, D.

Vocês trabalharão com suas Formas Codificadas por meio da aliança energética por vocês escolhida. Nota: essa aliança energética é a energia com a qual vocês têm um pré-acordo de ajuda para formar uma comunhão com seu aspecto humano. Vocês trabalharão com uma série de quatro Formas Codificadas, e cada uma das quais contém as energias de Unidade/Comunhão. Cada uma das Formas Codificadas contém níveis diferentes de frequências de iniciação para ajudar o aspecto humano a experienciar a Unidade. Sua aliança de energia vai trabalhar próxima a vocês para abrir essa experiência direta para seu aspecto humano. Vocês vão trabalhar dentro da Câmara. É importante que vocês simplesmente relaxem e se abram para o apoio de sua aliança de apoio de pré-acordo. Nota: vocês talvez precisem de muitas jornadas para completar essa iniciação. Simplesmente permitam e Sejam.

1. Levem ambas as mãos a se conectar ao seu centro do coração. Usem a Respiração de Força Vital consciente para expandir sua conexão com o coração. Ancorem sua Energia de Comando em todo o espaço do coração, usando o som ASHA TAE. Permitam a expansão e recebam a conexão conscientemente (*este é o meu coração*). Comecem um alinhamento com sua Energia de Comando, reivindicando seu coração.
2. Agora vocês vão acessar seu portal no centro do coração. Levem sua Energia de Comando para a abertura do portal. Usem sua Respiração de Força Vital no portal. Sintam a ativação dentro dele.

   Então apliquem o som EE no portal e sintam ou intuam outra abertura ali. Soltem à medida que a energia de seu portal se abrir. Usem a Respiração de Força Vital e coloquem-na completamente dentro do portal. Essa expansão do portal é projetada para apoiá-los na Câmara.
3. Vocês vão apoiar sua Energia de Comando por meio do portal usando ASHA TAE. Ao fazerem isso, sua linha de

Destino vai se abrir no portal. Concentrem toda a sua Respiração de Força Vital na sua linha de Destino e soltem. Vocês serão tocados, sentirão ou intuirão seu Self dentro da Câmara. A Câmara contém energia de luz. Isso os apoiará em sua iniciação. Abram-se totalmente para a luz. Usem sua Energia de Comando para ajudá-los em sua abertura total ali. Usem o som ASHA TAE.

4. Abram seu centro telepático levantando a mão direita. Levem sua consciência para a energia de sua postura de mão e sigam a linha de energia para a abertura de seu centro telepático. Levem o tempo que for necessário para se abrirem para a energia de seu centro. Respirem e se soltem. Ao entrarem em seu centro telepático, abram-se para a luz da Câmara, permitindo a comunhão com a luz.
5. Vocês vão trabalhar com a Forma Codificada A mostrada no Diagrama P. Levem sua consciência para a Forma Codificada A e esperem até que seu centro telepático absorva a Forma Codificada.
6. Agora coloquem a Forma Codificada de seu centro telepático na Câmara. Isso vai conclamar sua aliança energética. Para isso, conduzam sua conexão telepática para a Câmara e esperem até que a Forma Codificada A seja absorvida, recebida por sua aliança energética. Abram a comunhão do centro telepático para a aliança de energia quando começarem a perceber a presença dela. Permitam a conexão.
7. Abram-se para sua Energia de Comando e usem o som ASHA TAE. Então levantem a mão direita para se conectarem com uma comunhão telepática com a aliança energética com quem vocês fizeram esse pré-acordo de ajuda a seu aspecto humano para ter uma experiência de comunhão.

Simplesmente soltem e permitam a reunião. Vocês podem usar a Respiração de Força Vital para ajudá-los a integrar a energia desse encontro. Permitam uma comunhão total e uma comunicação telepática entre vocês.

8. Agora vocês vão começar a trabalhar com as Formas Codificadas B, C e D (vejam o Diagrama Q na página 238). Cada uma dessas Formas Codificadas contém diferentes elementos de iniciação que vão ajudá-los a formar uma comunhão sagrada com sua aliança energética. Vejamos os passos para a ativação e o trabalho com essas três Formas Codificadas de iniciação. Vocês sempre devem começar com a Forma Codificada B, passar então à C e, por fim, à D.

   Passo 1: primeiro, vocês vão trabalhar com a Forma Codificada B (Diagrama Q na página 238). Levem sua consciência para a Forma Codificada B e esperem até que seu centro telepático absorva a Forma Codificada.

   Passo 2: levem toda a sua consciência para seu centro telepático. Sintam ou intuam a Forma Codificada começando a se expandir de seu centro de comunhão telepática. Usem a Respiração de Força Vital para expandirem-se na iniciação.

   Passo 3: abram-se para a sua Energia de Comando e usem o som ASHA TAE. Levantem a mão direita para fazerem conexão com aliança energética, por meio da comunhão telepática. Soltem-se na conexão. Integrem essa conexão de comunhão através de suas células. Soltem. Vocês farão os passos 1, 2 e 3 com cada uma das Formas Codificadas B, C e D. É importante trabalhar com as três Formas Codificadas em um processo.

9. Quando vocês sentirem que as iniciações dessas Formas Codificadas estão totalmente integradas, coloquem as mãos no centro do coração e levem sua Atenção Cons-

ciente até ele. Integrem-se totalmente e soltem. Permitam toda a integração de sua jornada por meio de seu centro do coração.

Lembrem-se: não tentem analisar essas iniciações. Simplesmente continuem soltando e permitindo momentos dentro das iniciações em que seu aspecto humano esteja presente.

Não há perfeição aqui. É simplesmente um momento de comunhão sagrada/Unidade. Simplesmente concentrem-se em soltar e em permitir que a energia de cada Forma Codificada os leve a outro lugar dentro da comunhão com sua aliança energética.

Amados,

Nós os saudamos. Neste momento, pedimos que vocês se abram para as energias que estão sendo oferecidas a vocês. Agora é hora de vocês avançarem e receberem muitas dádivas. Essas dádivas são suas por direito divino. Elas estão sendo disponibilizadas para vocês porque precisam delas. Vocês concordaram em estar aqui neste momento. Concordaram com uma jornada de proporções divinas para que pudessem ocupar seu lugar na Consciência Coletiva/Unidade.

Vocês têm um lugar dentro da Unidade. É fundamental que vocês reivindiquem esse lugar conscientemente neste momento. Ao reivindicarem seu lugar conscientemente, uma porta se abrirá e vocês poderão atravessá-la. Mantemos essa porta aberta com imenso amor e respeito por tudo o que vocês são neste momento.

Saibam que vocês são "perfeitamente imperfeitos" em sua humanidade neste momento. Não há nada que vocês precisem mudar em si mesmos para serem recebidos dentro dessa roda de luz no Circuito Universal. Respirem e reivindiquem a si mesmos em sua humanidade. Abracem a si mesmos com amor e apreço pela sua jornada e por tudo o que vocês viveram até este momento.

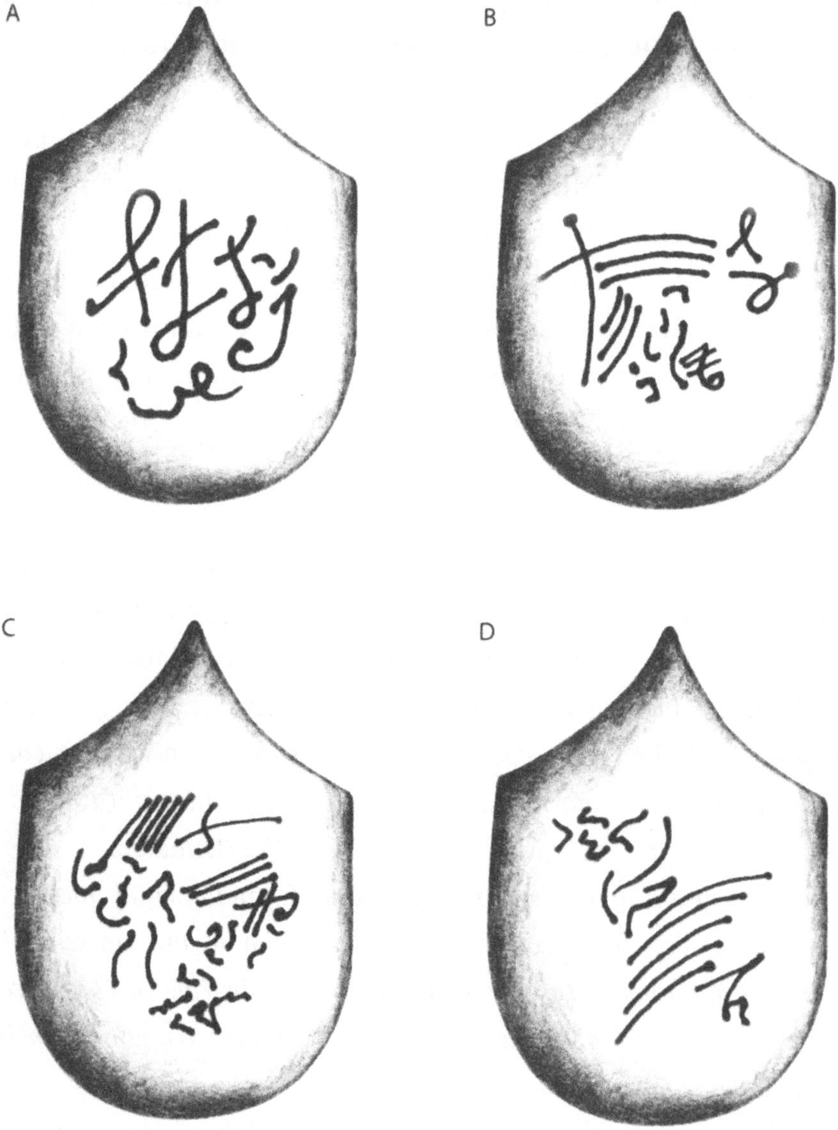

Diagrama Q

Nosso papel é o de levar a energia pentadimensional de amor incondicional para cada um de vocês à medida que vocês cumprirem seu destino. Estamos aqui para auxiliar, para simplesmente manter o amor. Fiquem tranquilos e saibam que a verdade está dentro de seu coração. Atravessem a porta e ocupem seu lugar.

Bênçãos,
Os Pleiadianos.

Apêndice A: Perguntas e Respostas

Capítulo 1

P: Por que você acha que "a queda" e a separação aconteceram?

R: Bem, viemos para cá e entramos no plano terrestre num estado de separação; viemos porque não éramos completos e tínhamos de passar por todo esse novo processo de sermos humanos, de sermos conscientemente humanos e ao mesmo tempo darmos à luz nossa natureza espiritual. Então todos nós planejamos a nossa entrada neste plano terrestre, as experiências que teríamos na infância, as experiências que teríamos durante a vida; e as experiências na terceira dimensão, nessa ilusão, aos poucos nos impediram de nos lembrarmos de quem éramos. Então tivemos de fazer a viagem de volta. Isso era parte do plano.

Ao mesmo tempo que tínhamos esse plano, aconteceu a era do Novo Alvorecer, e todos nós concordamos em estar aqui nesta época para passar por este processo e esta revolução. De fato é um tempo revolucionário para todo o Universo.

P: O que você acha que ele tem de revolucionário?

R: É revolucionário porque é a primeiríssima vez na história do Universo em que há um despertar ativo da transformação de um planeta, o rompimento de uma ilusão tridimensional e a chegada da quarta/quinta dimensão enquanto ainda somos humanos e temos experiências de ser humano — com aquelas vulnerabilidades —, mas fazendo nascer conscientemente e despertando enquanto ainda conservamos o nosso aspecto humano. Por isso que é revolucionário.

P: E teremos alguma lembrança do passado?

R: Você terá uma lembrança, mas não conseguirá mantê-la porque estará fora do drama da terceira dimensão. A terceira dimensão é drama, totalmente. Você só se lembrará. Não haverá nenhum elo emocional e nada que desperte reações emocionais do passado; você não terá nenhuma ligação com nada daquela época.

Você verá o passado como uma peça de teatro, uma peça da qual você participou ao lado de todos os outros atores. Você foi um dos atores para viver as suas experiências, e isso não é nada mais que a verdade. E quando isso acontecer, quando você chegar àquele lugar, dirá: "Ah, eu representei o meu papel assim como todos os outros". Todos nós concordamos em representar juntos os nossos papéis. Simples assim.

Vivi diretamente essa experiência e, depois, nada mais foi como era antes. Tudo passou, e foi aí que entrei em outro estado de existência. No momento em que tive a experiência completa de ser só uma atriz no palco e a consciência de que todos os outros apenas representavam seus papéis, tudo passou. Foi aí que me livrei dos meus grilhões, pois não tinha mais nenhuma ligação emocional com eles.

No final, isso é apenas parte do processo pelo qual você passa quando está preparado. Assim que começamos o processo de amar a nós mesmos, tudo vai embora e nós percebemos que somos apenas atores no palco, e nada resta senão amor por nós mesmos e por todos.

É disso que você precisa para começar a trabalhar. Dar o melhor de si neste momento, viver a sua experiência. Quando se chega a este ponto, na verdade não há mais nada a fazer. Você pode se permitir ficar com esse amor, e ele se torna um estado natural. Já não precisa sequer pensar nele. Ele simplesmente é, e o mesmo vale para todas as outras pessoas. É nessa direção que você está caminhando. Para mim, tudo isso é muito bonito. E vocês podem se adiantar nesse caminho. Cada um de vocês tem muito trabalho a fazer. Vocês têm a missão de criar um espaço, uma plataforma, para o resto do mundo, para que todas as outras pessoas possam entrar nisso e encontrar o que precisam. E vocês concordaram em agir desse modo.

Foi preciso muita coragem para dizer sim para essa jornada, pois o que está acontecendo com vocês não é uma transição fácil. No entanto, quando todas as coisas ruins ficam para trás, ela é maravilhosa, e estamos todos juntos aqui. Não estamos separados. E é isso que vocês recebem quando o amor começa a predominar. É importantíssimo que vocês comecem a considerar a ideia de retomar essa nova relação com o seu Self humano.

P: Tenho imensa dificuldade para lidar com o meu orgulho e minha arrogância. O que devo fazer?

R: Entenda que você é assim e aceite isso. Você sabe que tem essa arrogância, não é? Então, aceite-a, sorria e diga: "Tudo bem, lá vamos nós outra vez". E respire. Diga: "Tudo bem, estou mudando isto neste momento. Sinto a arrogância. Abraço a mim mesma com amor". Você tem tanto medo que precisa ser arrogante. A arrogância geralmente provém do medo de que você não seja bom, mas tudo bem ser assim. Vou amar você. Sei que você tem medo e amo você.

Dessa forma, o amor vai começar a mudar a parte de você que é arrogante. Ela vai começar a se sentir amada e se sentir bem. Na próxima vez em que você sentir que a arrogância está chegando, examine a situação e se pergunte de que você tem medo. Abrace a si mesma com amor e diga: "Tudo bem; tudo está bem e eu amo você".

A transformação virá aos poucos, mas enquanto isso você deve aceitar a sua arrogância. Saiba que ela faz parte da sua vulnerabilidade; saiba que está ligada a algum medo. Não pense que ela é um bicho de sete cabeças. Ela é humana e, portanto, é imperfeita.

P: Estamos aqui para fazer isso?

R: Quando você se dispõe a simplesmente amar quem você é, a evolução se acelera. Seu aspecto divino é puro amor; ele o ama completamente. Cada vez que você decide amar a si mesma, amar a sua humanidade, o aspecto divino penetra mais em você.

P: Num outro plano, nós temos mais consciência disso?

R: Sim, em qualquer lugar fora da terceira dimensão. Quando você começa a amar esse aspecto, o que acontece é que você começa a viver mais nos outros planos, uma vez que, com o amor, já não está dividida. Você está exercitando a aceitação, e isso não tem nada a ver com a perfeição: é a aceitação da sua humanidade, para pôr fim à divisão dentro de você. Quando você põe fim à divisão por meio da aceitação, não da perfeição, passa imediatamente para a quarta/quinta dimensão. Antigamente as pessoas lhe diziam que você tinha de ser perfeita para se iluminar. Isso não é verdade. Foi uma mentira que lhe contaram para manter você presa aqui, presa à divisão. Esta verdade é absolutamente maravilhosa; é libertadora, e vocês podem libertar a si mesmos. Ninguém pode fazer isso por ninguém. É simples e é maravilhoso.

Capítulo 2

P: Como começar esta Escolha Consciente com os pré-acordos?

R: Comece com o que você precisa na vida ou com o que está à sua frente bem agora. Peça para ter clareza quanto ao pré-acordo e deixe-o se desdobrar. Ele é um relacionamento; tudo o que você está fazendo é permitir que haja um relacionamento com os reinos espirituais, e você está entrando nisso agora à medida que eles são naturalmente alinhados com você. Todos nós fazemos parte da essência divina. Por isso, um dos aspectos da energia do Novo Alvorecer é que, na vida cotidiana, vocês tenham uma conexão natural com o Espírito, com os Anjos e com os Extraterrestres. Todos vocês vivem numa certa harmonia e comunhão com a Unidade.

P: O que devemos fazer com nossos pré-acordos?

R: Desenvolver uma relação com a equipe, pois, quando você precisar do apoio dela, eles estarão lá. Você fala com eles, conta qual é a sua necessidade, o que está acontecendo agora, e tudo acontece. No começo, você não precisa ser específico, mas precisa começar a construir esses relacionamentos e a entrar em comunhão com eles.

A ideia do pré-acordo é que vocês tenham um relacionamento com os reinos espirituais ou com as alianças energéticas que invocaram. Isso faz desenvolver a sua capacidade telepática; e toda vez que você usa a sua comunicação telepática, dá à luz outro nível de frequência luminosa por meio das células do seu corpo. Quando usa os dons que recebeu, seu processo de iluminação se acelera. É por isso que esse processo é muito importante.

P: Se um dos membros da "parceria" está fazendo esse trabalho e o outro não, basta que uma só pessoa conclame esse pré-acordo?

R: Se a outra pessoa não está honrando os pré-acordos de trabalhar em si mesma, ela não é capaz de levar adiante a essência do projeto, pois o pré-acordo dizia que vocês dois tinham de sustentar juntos a plataforma energética. É uma energia que cada um leva em si quando tem um projeto ou uma missão. Às vezes, aquela pessoa vai embora e outra pessoa entra em cena, pois é preciso mais de uma. Tenho a sensação de que você vai ter de se afastar dessa pessoa e encontrar outra, caso ela tenha tomado a decisão de não cumprir o contrato.

P: Você pode definir de modo mais específico o que está para acontecer?

R: Vem muita agitação por aí. Sabemos que a energia tridimensional está se deslocando e uma energia luminosa de quarta/quinta dimensão está entrando no planeta, de modo que o atrito energético é grande. Mas também vêm por aí algumas mudanças telúricas intensas, que vão criar perturbações físicas na Terra. Também vai ser um pouco difícil para os seres humanos viver como estavam acostumados a viver ou como estão vivendo agora.

Por isso, vocês precisam se alinhar com as naturezas divinas de vocês e trabalhar a partir desse ponto. Por mais que haja caos ao redor, o drama e o caos não precisam existir dentro de vocês. Vocês podem permanecer estáveis no interior e ancorar a energia com a equipe de seus pré-acordos. Isso pode ajudar a ancorar e estabilizar a energia no plano terrestre e ajudá-los a trabalhar com aquilo que está acontecendo na Terra.

P: Como podemos ajudar nossos entes queridos?

R: Mantendo-se estável dentro de si mesmos. Sendo uma luz que contenha um elemento de paz e estabilidade. E cada um viverá as suas próprias experiências. Você não pode salvá-los do drama deles. Eles precisam desse drama. Se eles estão no drama é porque precisam de drama. Você pode partilhar e apresentar informações, mas não pode salvar seus filhos das experiências que eles têm de viver e nem deve salvá-los, pois eles nasceram aqui justamente para ter essas experiências. Também eles, como você, disseram "sim" quando lhes perguntaram se queriam vir para o plano terrestre. Hoje em dia, as crianças estão nascendo dotadas de grande consciência.

Deixe que os aspectos divinos guiem você e o levem adiante, muito embora você não saiba aonde vai parar. Você sabe que está tudo certo, e esse certo, no momento, é tudo. Não há nada mais que você precise saber além de se deixar existir no momento presente. Mesmo que ache que sabe das coisas, isso não é verdade. Você não sabe; portanto relaxe nessa ignorância.

Capítulo 3

P: Você pode falar um pouco mais sobre a estrutura cristalina?

R: A estrutura cristalina tem natureza elétrica e rebobina todos os seus sistemas vitais para que as células suportem uma voltagem maior de luz. A fiação das células é trocada e a forma elétrica nasce através de vocês, para que possam conter uma voltagem maior da sua própria luz nesse corpo aqui, agora. Essa é a ideia do surgimento da estrutura cristalina neste momento.

Se assim não fosse, como vocês poderiam se alinhar com a nova energia dimensional que está nascendo no planeta? Daqui a pouco, as energias da quarta/quinta/sexta dimensão estarão plenamente alinhadas neste planeta.

P: Se uma pessoa não faz a escolha consciente de ativar a estrutura cristalina, ela pode se ativar mesmo assim?

R: Quando este plano terrestre passar completamente para a quarta/quinta dimensão, a ativação será instantânea para aqueles seres humanos que já tiverem a estrutura cristalina, mas não a tiverem ativado. Só assim eles poderão permanecer no plano terrestre.

P: A estrutura cristalina é algo físico dentro do nosso corpo?

R: Na verdade, vocês estão passando por uma reestruturação cristalina. A estrutura cristalina está no espaço entre as células do corpo. Até a ciência está constatando uma mudança na estrutura cristalina dentro do nosso corpo. Isso significa que, no fim, os seus órgãos vão se transformar, e este é apenas o primeiro nível de estrutura cristalina que foi ancorado em nós. Há muitos níveis a serem ancorados.

P: Muita gente está sentindo sintomas físicos. Eu sinto uma vibração no alto da cabeça. Isso faz parte das mudanças físicas?

R: Sim, faz parte. Seu cérebro está sofrendo uma transformação. Você está começando a abrir, na verdade, um novo nível do seu cérebro, e é a partir daí que vai começar a trabalhar. Esse é o despertar. Esse aspecto da abertura do cérebro é uma parte da evolução e do despertar para si mesmo.

Algumas lembranças virão dessa área do cérebro, lembranças de quem você é e das suas conexões.

P: Você pode falar sobre como seremos quando formos seres da quinta ou quarta dimensão? Será que vamos evoluir deste corpo baseado em carbono para um corpo baseado no silício? Que tipo de corpo você acha que teremos?

R: Haverá estruturas cristalinas.

P: Haverá corpos de luz?

R: Não. Vocês ainda vão permanecer na forma humana, mas suas células vão se transformar. Compreendam: dentro de cada célula há um transmissor que está adormecido há muitas vidas. Vocês nasceram com ele ali dentro, mas ele nunca foi ativado, e está sendo ativado agora por essa nova frequência de nascimento que está vindo para a Terra.

À medida que vocês se transferem dimensionalmente para a quarta/quinta dimensão, o transmissor ativa um sinal da frequência divina de cada um de vocês. Porém ele não transmite esse sinal somente para fora, para o Universo. Transmite-o através dos órgãos e das células do seu corpo, transformando as estruturas. É por isso que vocês vão começar a viver por mais tempo. Estão sofrendo agora mesmo uma transformação celular. Suas células já começaram a mudar.

Todo mundo que está neste plano terrestre vai sofrer essa transformação. Os que estão conscientes e despertos agora vão sofrê-la primeiro, e depois vão abrir um espaço energético para que os outros se transformem. São eles que mostram o caminho.

Vocês estão recebendo agora mesmo essas energias que baixaram na Terra. Toda vez que ocorre um terremoto e que o planeta sofre um deslocamento de quarta/quinta dimensão, o Self de vocês sofre essa transformação. Toda vez.

O processo tem de ser lento porque vocês precisam se adaptar às energias que estão ocorrendo, mas é por isso que vocês são capazes de se alinhar com o plano terrestre e com as forças naturais: porque a própria estrutura celular está se transmutando, e isso permite que nós nos comuniquemos de um modo muito diferente, num nível muito diferente daquele em que nos comunicávamos em qualquer momento do passado.

Todos vocês estão passando por esse processo. É por isso que tanta gente está tão doente. Coisas estranhas acontecem com a tireoide das pessoas, por exemplo, por causa das mudanças que estão ocorrendo no corpo físico.

A Terra também vai sofrer uma regeneração completa. Será totalmente transformada e conterá uma frequência completamente nova, que há muitas existências ela não tem. Na verdade, ela será restabelecida num nível completamente novo de consciência e luz, e simplesmente estará num estado novo quando essa transformação se completar. Vocês também estarão num estado novo.

P: Milagres vão acontecer?

R: Os milagres em que você está pensando são milagres tridimensionais, mas os milagres da quarta e da quinta dimensão... não são milagres. São o estado natural desses espaços dimensionais. Um realinhamento natural vai ocorrer e já está ocorrendo.

P: Você disse que a estrutura cristalina se ancorou em todos os seres humanos neste planeta no dia 11/11/11. Existem pessoas que prefeririam que isso não tivesse acontecido com elas?

R: Todos vocês aceitaram previamente estar neste plano terrestre para receber essa estrutura cristalina. Naquele momento, todos os seres humanos, onde quer que estivessem no planeta (e quer se lembrem disso, quer não), aceitaram o pré-acordo de estar aqui neste momento para esta mudança.

A estrutura cristalina se ancorou, mas não foi ativada e ainda não se ativou em muitos níveis. É preciso ativar a estrutura cristalina pela escolha consciente.

P: É essa, então, a escolha?

R: Sim, é essa a escolha. Dia virá neste planeta em que ele terá uma estrutura puramente de quarta/quinta dimensão, e a ilusão tridimensional desaparecerá. A estrutura cristalina de todos se ativará nesse momento e dará apoio a todos os seres humanos que estiverem aqui, mesmo os que não forem espiritualmente despertos.

Haverá pessoas neste plano terrestre que viverão pela violência, pelo controle, pelo homicídio; a certa altura, essas pessoas não poderão mais permanecer neste plano terrestre. Todos aqui, neste plano terrestre, quem quer que seja, darão os próximos passos; alguns permanecerão no planeta, dando os próximos passos, e outros não se alinharão com as energias de quarta/quinta dimensão. Essas pessoas não estão prontas para este despertar e terão de sair do planeta para dar seu próximo passo. Sempre há um próximo passo.

A morte não existe. Os Pleiadianos dizem que todos nós estamos simplesmente dando um próximo passo aqui ou um próximo passo ali. Falam isso de maneira muito simples e direta.

Há muita gente não espiritualmente desperta que terá de permanecer no planeta ao longo das mudanças. Não é preciso ser espiritual para estar aqui no planeta. Não haverá um êxodo gigantesco de pessoas não espirituais. As pessoas que estiverem prontas para dar esse próximo passo e que não forem adeptas do controle, do poder ou da violência ficarão e seguirão adiante.

Pessoas como vocês é que acabam sendo as que mostram o caminho. Vocês firmaram o pré-acordo de despertar antes de muitos outros e abrirão espaços energéticos para os outros que seguirem atrás. Abrirão um caminho; eles chegarão ao despertar e vocês lhes darão apoio.

P: E se eu não tiver a glândula tireoide?

R: Você ainda tem a matriz energética da sua tireoide, e a estrutura cristalina não é tridimensional. É de quarta/quinta dimensão, e nessas dimensões a tireoide está ali perfeita.

P: Quando alguém não tem uma parte do corpo, ela também não tem a "matriz"?

R: A matriz está sempre no corpo. Na regeneração que ocorrerá no corpo, os órgãos vão crescer a partir dessa matriz.

P: Eles vão se regenerar?

R: Vão. E podem fazer isso naturalmente num contexto de quarta/quinta dimensão — não, é claro, na terceira dimensão. Nós diríamos que isso é impossível. Por isso, mesmo que uma parte do corpo seja removida da terceira dimensão, a matriz ainda existe, e a matriz energética é uma energia de quarta/quinta dimensão, e ainda está lá, no corpo. Não pode ser removida.

P: E um braço paralisado? Pode voltar a funcionar plenamente?

R: A cura é possível. A cura do corpo físico é possível qualquer que seja o seu nível, mas não pode acontecer no contexto tridimensional. Pode, porém, na quarta/quinta dimensão.

P: Existe uma tendência cada vez maior de as pessoas nascerem autistas e de algumas não conseguirem falar. Talvez o desenvolvimento telepático nos permita interagir com esses grupos?

R: Corretíssimo. O fato é que essas crianças autistas que estão chegando levam em si uma frequência muito especial da energia do Novo Alvorecer e estão ancorando essa energia no planeta. Isso faz parte do papel delas. Elas só trabalham pela telepatia. Vieram aqui, na verdade, para ensinar muitos de vocês a se abrir e transmitir essa energia telepática. Elas incorporam isso, e a presença delas no planeta neste momento permite que todos vocês desenvolvam e usem suas capacidades telepáticas.

P: Você disse que algumas crianças nascem com a estrutura cristalina. Você pode falar um pouco sobre as crianças que têm necessidades especiais?

R: Tenho a forte sensação de que elas estão aqui como portadoras de uma frequência muito especial que nos ajudará a ancorar neste momento. Elas vieram não na quarta dimensão, mas nos outros espaços dimensionais, ancorando e transmitindo energia para os seres humanos no planeta. Isso significa que estão desempenhando um papel muito importante e vieram aqui para fazer exatamente isso.

P: Tenho uma filha com síndrome de Down, e há um ano que ela vem se comportando muito mal. Será que ela está trabalhando muito num outro nível? Devo ser simplesmente boazinha com ela?

R: Acho que o que você precisa entender é que ela passa mais tempo "fora" do que "dentro". Ela tem muita dificuldade para se orientar, pois está quase alinhada nos outros lados dimensionais, o que torna difícil a volta dela para este plano. Eu procuraria alguém que faça um trabalho energético e que possa ajudá-la a se integrar quando ela volta, para que a nova entrada nesta terceira dimensão não seja tão difícil para ela. Em diversos aspectos, ela na verdade não é deste mundo.

P: Eu sabia. Sempre pensei nela como um anjo!

R: Ela é um anjo e tem um belo coração. Entrou nesta vida para transmitir esse coração como um espelho para os outros, e está fazendo um trabalho importantíssimo neste planeta. Compreenda-a e aceite-a como ela é.

Capítulo 4

P: A comunicação telepática usa palavras? Qual é a diferença entre ela e a comunhão telepática?

R: A comunhão telepática é mais uma abertura para a essência divina e um alinhamento pleno com a essência divina de cada pessoa, que na verdade é uma frequência mais alta do uso telepático. É isso que você vai ativar e que vai lhe permitir entrar numa união de Unidade. Por meio da Unidade, você experiencia essa comunhão e a comunhão telepática. Ela tem uma frequência de amor multidimensional muito alta. Esse é um aspecto. O outro é a comunicação telepática, na qual você estabelece sua comunicação com outra pessoa e recebe uma interação de informações entre vocês. Eu já disse que, antes disso, vocês precisam começar a trabalhar com as forças da Natureza, com os Reinos Espirituais ou com os Pleiadianos. Podem se sentar na formação do Portal das Estrelas (que está no Capítulo 10 do meu primeiro livro). Seus três Pleiadianos vão se sentar entre vocês e com vocês. Vão lhes dar as mãos energeticamente e, assim, vocês formarão a base de uma energia piramidal e entrarão na câmara do Portal das Estrelas. Nessa câmara, vocês podem usar a sua comunhão ou comunicação com eles. Com o centro telepático aberto, vocês serão capazes de receber essa tradução deles de modo muito simples e muito fácil, porque agora ela foi reaberta.

Capítulo 5

P: Moro num apartamento e não tenho quintal. Posso fazer minha Roda da Medicina dentro de casa?

R: Na verdade, não. A Roda da Medicina precisa ficar ao ar livre, sobre a terra. No entanto, você pode usar a criatividade para fazer as suas Rodas quando só tem acesso a um parque público. Por exemplo, pode encontrar um lugar onde não haja muita atividade nem muita gente passando, se possível. Qualquer lugar onde você se sinta confortável sentado sobre um cobertor é bom o suficiente. Então, crie a Roda; você pode fazê-la rapidamente se tiver prática. Faça a Roda pouco maior que o tamanho do cobertor onde está sentado. Use pedras pequenas para marcar as quatro direções. Quando ela estiver montada, coloque o cobertor (a pedra central será o centro do cobertor) e siga em frente. Lá está você, sentado no parque sobre um cobertor, tendo a sua experiência. Não tem problema se você brincar com isso, abrindo-se para as forças da Natureza sem ter que deixar tudo "perfeito" antes de trabalhar com a Roda.

P: Quanta farinha de milho devo usar para traçar o círculo? Preciso ver a farinha no chão? Preciso ver os limites do meu círculo?

R: Boa pergunta. Você não precisa "ver" os limites do seu círculo. Sei que isso será difícil para algumas mentes do ego. Será difícil para alguns de vocês trabalharem num espaço que não tenha delimitações claras. Isso faz parte do processo pelo qual vocês se abrem para aquilo que estão criando com seus círculos: espaços de quarta/quinta dimensão que não fazem parte das limitações tridimensionais do plano terrestre que vocês têm conhecido até hoje.

Então espalhem um pouquinho de farinha de milho na borda da roda para criarem o seu selo. Uma quantidade muito pequena, porque vocês estarão criando um selo de quarta/quinta dimensão para seu círculo.

P: E quanto tabaco devemos colocar debaixo das pedras ou em cada direção?

R: Pouquíssimo. Somente uma pitada é necessária para agradecer ou fazer uma oração ao Espírito. Não deixem a mente do ego interferir com aquela história de "quanto mais eu der, mais gratidão terei" ou algo desse tipo. Mais não é melhor!

P: Se eu não conseguir encontrar pedras em número suficiente para fazer meu círculo, posso usar madeira ou ramos de árvore?

R: Sim, é claro. Pedras são sempre preferíveis. Mas não há problema em usar pedaços de madeira ou ramos de árvore. Eles também servem bem para completar o círculo.

P: Não entendi a questão da porta a leste. Qual das pedras maiores é o leste? Ou a direção leste é marcada pela pedra menor que tiramos do lugar toda vez em que entramos e saímos?

R: A direção leste é a pedra menor. Você coloca essa pedra menor no meio das duas pedras maiores para criar a porta. Essa é a direção leste. Tendo isso em mente, é muito importante que você tenha pedras maiores em ambos os lados da pedra menor para ancorar essa direção. É importante escolher conscientemente as pedras para sua roda e ter consciência de onde elas devem ser colocadas na Roda. O ato de escolher suas pedras talvez seja sua primeira comunicação com as forças da Natureza. Pergunte-lhes se elas querem fazer parte da sua Roda e em que ponto da Roda querem ser colocadas. Quando elas lhe responderem, você ficará surpreso! Faça a porta grande o suficiente para você poder entrar e sair da Roda sem deslocar essas pedras que mantêm sua posição para ancorar essa direção.

Capítulo 6

P: E se eu não conhecer minha missão? Ela não está clara para mim, eu não me lembro dela.

R: Todas as pessoas aqui têm um papel a desempenhar durante estas mudanças da Terra. E nosso primeiro papel é o de dar à luz o nosso Self e depois manter o ancoramento para que muitos outros seres humanos sigam os nossos passos durante essas mudanças. Você concordou em estar aqui nesta época. Concordou em abrir um determinado espaço para que esta transformação ocorra aqui. Às vezes, terá de ser lembrado de que concordou em estar aqui, pois as coisas parecem difíceis nesta época de transição. Por isso, você precisa compreender que não há absolutamente nada a temer.

Tudo é o que deve ser, você vai cumprir o seu papel e as coisas vão se manifestar para cada um de vocês aqui. Talvez você ainda não conheça todos os detalhes da sua missão, mas é um privilégio estar aqui neste plano terrestre nesta época para abrir um espaço energético. Você está dando à luz o seu Self num novo alinhamento. Enquanto isso, a energia sai para o plano terrestre para apoiar e equilibrar nossas energias aqui. Tudo se resume, na verdade, a dizer conscientemente: "Sim, estou dando à luz um aspecto de mim mesmo aqui e agora. Estou fazendo isto conscientemente, e meu aspecto humano ainda não se lembra. Ainda tenho de trabalhar com meu aspecto humano porque estou tendo esta experiência humana e concordei em tê-la".

P: Quando você diz que cada um de nós concordou em estar aqui nesta época para cumprir nossa missão, o que isso significa?

R: Significa que vocês têm de se lembrar de que estão aqui para cumprir uma missão com a qual concordaram. Concordaram em entrar nesta expansão de energia com o Conselho Galáctico para acelerar o nosso despertar. Vocês portam um nível mais alto de luz consciente nas células do seu corpo e atuam como transmissores para o planeta e para as pessoas. Evoluem para outro nível não da consciência de outra pessoa, mas da sua própria consciência; vocês dão à luz vocês mesmos.

P: Os Pleiadianos lhe disseram quando tudo isso vai ocorrer?

R: Não conheço as datas exatas porque, em geral, o Espírito é péssimo no que diz respeito ao tempo... porque o tempo não existe. Você quase tem de criar uma matriz, um holograma, um modelo. Quando você ativa essas coisas em você, um Molde ancora no plano terrestre. Toda vez em que você decide viver no momento, esse momento se ancora no plano terrestre e permite que outra pessoa faça a mesma coisa com mais facilidade. Isso significa que, à medida que vocês vão nascendo e evoluindo, vão criando uma série de moldes; depois, quando os outros vierem, a experiência deles será muito diferente da de vocês. Vocês são aqueles que mostram o caminho, abrem o caminho. Cada um de vocês está abrindo o caminho para que centenas de seres humanos neste plano terrestre possam seguir seus passos, e é com isso que cada um de vocês concordou.

Eu não quero estar em nenhum outro lugar senão naquele para onde vou, e não quero fazer nenhuma outra coisa senão o que estou fazendo. Esta é a minha missão. Todos vocês têm uma missão aqui, cada um de vocês.

Capítulo 7

P: É verdade que todos os seres humanos no planeta Terra vieram de outro lugar?

R: O lar não é uma origem de fato, não significa "o lugar onde fica sua verdadeira origem". O lar é a Consciência Coletiva e a entrada de vocês no lugar que lhes cabe dentro dessa consciência. Toda a energia de força vital é uma parte dessa Unidade.

P: O que acontece quando eu volto para o meu "lar"? Saio do planeta?

R: Não. Um dos aspectos do Novo Alvorecer é que vocês tenham essa experiência, que recuperem seu alinhamento com o lar, e ao mesmo tempo continuem vivendo sua experiência humana aqui no plano terrestre.

P: Por acaso existem grupos de força vital com os quais não queremos nos conectar, ou temos que nos conectar com todos eles?

R: Atualmente, todos os grupos de força vital fazem parte da Unidade divina, parte da Consciência Coletiva. Não há grupos de força vital no Universo que não façam parte da Consciência Coletiva, e por isso vocês podem se conectar com todos os grupos de força vital. As únicas energias negativas em operação dentro do Universo agora estão operando por meio do planeta Terra, e estou me referindo àqueles que tentam controlar as coisas fazendo mau uso do poder e da violência.

Capítulo 8

P: Eu me perdi completamente no processo dos agroglifos.

R: Se perder completamente é bom; não há apego. Só há o Ser, sem interferência. Às vezes, você é levado nessa direção, mas chega um momento do processo em que você compreende. Os agroglifos estão alinhados com todos os sítios megalíticos, e todos os pontos de reposicionamento dos sítios megalíticos estão alinhados com os agroglifos. Tudo entre eles está alinhado. Os agroglifos redefiniram os locais sagrados e os devolveram à sua forma original mais pura, e também vocês podem se realinhar com sua forma pura e original por meio dos agroglifos. O que os Pleiadianos querem de vocês é que vocês se unam a essa teia sagrada e acrescentem a ela a sua essência, pois precisamos do elemento humano. Vocês estão sendo convidados a se unir a essa teia e a essa conexão sagrada.

P: Por acaso a evolução e a conexão dos sítios megalíticos terá algum efeito sobre as mudanças no planeta com que temos de lidar agora?

R: Sim, elas vão transformar as coisas, mas antes vão causar um pouco de agitação. Os Pleiadianos estão dizendo que vêm mais mudanças terrestres por aí. As mudanças vão se acelerar porque é necessário que isso aconteça neste momento. Nossa Terra tem de ser energeticamente redesenhada. As linhas energéticas vão criar deslocamentos na Terra onde eles tiverem de ocorrer. Atualmente há muitos bloqueios na Terra, bolsões de energia dentro da Terra que estão contendo uma congestão densa que realmente precisa ser alinhada com o espaço dimensional e com a própria Terra. O solo da Terra precisa de uma verdadeira regeneração, pois há muita poluição e produtos químicos. Parte do processo de regeneração consiste em regenerar não somente o nosso ser e os nossos corpos, mas regenerar a força vital do solo terrestre. Tudo tem de mudar e se deslocar.

Haverá uma época de aparente caos, e a última coisa que os Pleiadianos querem é promover o medo, pois existe muito medo por aí das mudanças terrestres. O fato é que vocês não devem ter medo. Devem apenas tomar cuidado para estarem onde devem estar.

Certas pessoas dizem que haverá um êxodo em massa no planeta. É fato que certas pessoas sairão do planeta, mas são as pessoas que não estão prontas para a paz. Não estão prontas para sair do drama. Elas estão imersas na violência, no poder e no controle, mergulhadas de cabeça nisso. Essas pessoas vão sair do planeta porque não pertencem mais a este lugar. Vão dar um passo para fora do planeta e terão outra experiência, mas não permanecerão aqui. É assim que as coisas são; é assim que devem ser.

Capítulo 9

P: Como podemos ancorar os circuitos em toda Terra?

R: A Terra tem uma natureza cristalina que não é igual à que temos em nossas células. É diferente, mas elas podem se encontrar, efetuar transferências e interagir do ponto de vista elétrico. Ativando sua estrutura cristalina, vocês adquirem a capacidade de interagir num nível completamente novo com as forças da Natureza e a energia da Terra, e de trabalhar dentro desses circuitos e influenciá-los. Por isso, qualquer pessoa que estiver trabalhando com a Terra como parte de sua missão vai se alinhar energeticamente com esses circuitos elétricos e, a partir daí, vai avançar em sua missão de maneira muito mais completa.

P: Nesse processo de ativação cristalina da coluna vertebral, você pode falar um pouco mais sobre as leves batidas com a mão?

R: Essas leves batidas são um dos elementos com que vocês vão trabalhar para abrir a estrutura cristalina em toda a coluna vertebral. Vocês vão trabalhar com esse movimento e com o som. São essas leves batidas que vão lhes permitir entrar. Elas os levarão para dentro da estrutura cristalina e abrirão a porta para que a consciência de vocês possa entrar.

P: Minha mente quer perguntar o seguinte: como é possível que a posição seja aqui na frente sendo que a coluna vertebral fica nas costas?

R: Essa é uma reação muito tridimensional, que acontece por causa da mente. Você sente a pressão dos seus dedos sobre a posição e as leves batidas abrem a porta para que a sua Atenção Consciente entre e vá até as costas, entrando na coluna vertebral e chegando à estrutura cristalina. Talvez você tenha de pensar desse modo para que a sua mente do ego não fique lá sentada pensando: *Como vou fazer isso?* Então, vamos remediar.

As leves batidas os conduzem ao espaço dimensional no qual a estrutura cristalina existe dentro da coluna vertebral, e a coluna vertebral é bastante multidimensional. Vocês entram na energia do líquido espinhal, na qual a estrutura cristalina nasceu. O líquido espinhal é uma energia sagrada, é um fluido sagrado que é um agente de nascimento. Compreendam que ele é um agente muito puro, uma essência pura. Ele tem uma frequência muito diferente, uma frequência muito mais alta que qualquer outra estrutura cristalina no corpo.

As leves batidas, portanto, conduzem vocês a um elemento multidimensional que está contido no líquido espinhal. Elas os introduzem, na verdade, no próprio líquido espinhal, onde está a estrutura cristalina. Abre-se assim a porta para a estrutura cristalina. Esta é a verdade.

Então vocês devem bater, 1, 2, 3, e depois levar sua consciência para a porta que se cria assim. Devem então bater de novo, o que os levará para outra porta. Vão passar por uma série de portas ou portais que os conduzirão para o ambiente dimensional no qual a estrutura cristalina existe dentro do líquido espinhal.

Vocês começam aqui com uma leve pressão, logo abaixo da área macia na base da garganta, no alto do osso esterno. Sintam a abertura suave e desloquem os dedos para baixo, para fazer contato com o osso. Passem o pequeno ressalto até chegar ao esterno sólido. O posicionamento é importante. Vocês devem começar com uma leve pressão e bater levemente, 1, 2, 3, e é isso. Com a pressão no esterno, você dá uma batida e termina de novo no esterno; depois dá a segunda batida e termina de novo no esterno; depois dá a terceira batida. Isso vai criar um aceleramento em vocês. Nesse caso, se você estiver ansioso, talvez já esteja sentindo a energia se deslocando através de você. Respire e assimile-a.

P: Qual é a função da nossa Energia de Comando?

R: A Energia de Comando permite que vocês deem à luz a ativação de um movimento de cura dentro de vocês. Além disso, ela os conduz para sua energia natural de cura e permite que vocês tenham acesso a uma experiência de conexão universal na Unidade. Quando suas células começam a portar a essência da sua Energia de Comando, os pulmões se expandem num outro nível com essa frequência da sua Respiração de Força Vital e seu coração se expande do ponto de vista dimensional. A estrutura cristalina dentro de você transmite a sua Energia de Comando para fora, possibilitando que você se alinhe com essa força do seu Self que transmite energia.

P: Você pode falar um pouco mais sobre a Energia de Comando?

R: Vocês vão acessar o que os Pleiadianos chamam de Energia de Comando, para que possam participar conscientemente de seu processo de nascimento e de cura. Chegou a hora de vocês escolherem conscientemente ativar outro nível da sua estrutura cristalina dentro de vocês e de começarem a usar a Energia de Comando na vida de vocês. É uma questão de reivindicar a Energia de Comando, acessar uma parte do seu Self que os auxilie na sua cura e na sua missão.

Vocês estarão trabalhando com o seu centro cardíaco e usando sons sagrados para ativar uma profunda expansão e conexão com a estrutura cristalina dentro do coração. Trabalhando com esse alinhamento consciente, o fator cristalino dentro do seu coração vai se expandir para um novo nível, conduzindo essa essência da sua Energia de Comando.

Por meio do portal, vocês tornam a se realinhar com o aspecto do seu poder pessoal, um aspecto da sua Energia de Comando. A nova energia de força vital que vocês estão recebendo por meio da ativação da sua Energia de Comando é, na verdade, a luz da própria força vital de vocês, não de qualquer outra pessoa. É de vocês, vem da sua própria origem divina e entra nas células deste corpo. Vem aos poucos, para que vocês possam integrá-la, e gradativamente vai realinhando vocês com o Self. Vocês estarão abrindo um alinhamento consciente com a sua Energia de Comando e estarão ancorando um ponto de acesso estável dentro do coração, um ponto a partir do qual possam trabalhar e no qual possam se ancorar. É sempre necessário que vocês tenham uma razão para ativar a sua Energia de Comando e para canalizar esse desejo paralelamente à Energia de Comando.

P: Por que é tão importante que eu me integre com a Natureza enquanto trabalho com a minha Energia de Comando? Como devo fazer isso?

R: Compreenda que as energias do planeta estão criando uma transformação com as forças da Natureza, e a ativação da sua estrutura cristalina vai permitir que vocês aproveitem conscientemente essa energia para integrar a sua Energia de Comando em todas as suas células.

A terra sustenta energias dimensionais capazes de apoiar a sua rápida expansão e auxiliá-los nessa integração de vocês com vocês mesmos. Para se abrir às forças naturais da terra, basta que vocês direcionem a sua intenção consciente para a terra num momento em que estiverem sentados ou deitados no solo.

A cada Respiração Consciente, sintam a terra debaixo de vocês. Depois, soltem ao liberar o ar. Haverá uma respiração energética que começará a criar uma sinergia entre vocês e a terra. Soltem-se nessa conexão para que as suas energias e as da terra se entreteçam. Durante esse processo, torna-se possível um nível profundo de comunhão com a terra, quase semelhante à telepatia. Forma-se um elo de amor. Quando vocês formam esse elo com a terra, as células do seu corpo podem sofrer um profundo processo de cura e regeneração.

Deitem-se sobre a terra e permitam que o corpo de vocês descanse nessas energias. Soltem-se sobre a terra e deixem que a terra os sustente, enquanto o vento e o sol trabalham dentro das suas células. Abram-se para sentir o calor do sol sobre o corpo de vocês e efetuem uma comunicação consciente com o sol. Vocês estão nascendo para uma recordação da sua natureza espiritual. Chegou a hora de usar o que lhes é dado, e, à medida que vocês forem fazendo isso, outras coisas ainda lhes serão disponibilizadas. Essa é a verdade. Nós amamos e apoiamos vocês na jornada que vocês escolheram.

P: E se eu estiver trabalhando no meu Círculo de Luz e meu cachorro entrar? Tem algum problema?

R: Absolutamente nenhum. Entenda que os grupos animais de força vital estão ligados à quarta/quinta dimensão, então a passagem do seu cão não perturbará a energia.

P: Quando tento fazer um círculo maior, tenho certa dificuldade. Por que ele parece mais oval?

R: Pare e respire fundo. Essa é a forma mais comum com que eu vi as pessoas trabalhando. Existem muitos círculos em forma de ovo por aí. O segredo é colocar os cristais a uma distância sempre igual. Essa é a forma mais fácil de garantir que seu círculo seja mais redondo e menos oval.

Capítulo 11

P: Você pode falar sobre a energia ou o significado do 12/12/12 e do 21/12/12?

R: O 12/12/12 foi outro ponto de virada no plano terrestre. Ondas de Iluminação vieram para o planeta naquele momento. Foi diferente do 11/11/11, quando todos receberam suas estruturas cristalinas e a terceira dimensão se "desligou" por um curto lapso de tempo. Nunca mais a terceira dimensão voltará a ter força total, de modo que mais ninguém conseguirá viver no drama como vivia antes desse momento. Você pode até tentar, mas, por causa dessa mudança, não conseguirá mais ser tão dramático quanto era.

Em 12/12/12, as Ondas de Iluminação não se dirigiram às massas. Dirigiram-se especificamente a um grupo de pessoas que estavam a caminho de receber um nível de iluminação e transformação por meio da Escolha Consciente, de modo que o 12/12/12 envolveu a Escolha Consciente. Teve a ver com o ato de escolher conscientemente apresentar-se para receber, pois este é o momento.

Em 12/12/12, essas Ondas de Iluminação se dirigiram de modo muito específico ao grupo dos despertos no planeta, e em 21/12/12 ocorreu ainda outro nível de Ondas de Iluminação. Isto que vocês estão recebendo neste livro vai ajudá-los a desenvolver um espaço para vocês mesmos por meio do seu campo energético, criando uma série de alinhamentos energéticos. Vai permitir que vocês usem plenamente as energias do despertar das Ondas de Iluminação num nível profundo, vocês vão poder sustentar a si mesmos e ocupar um lugar novo dentro de si mesmos. E vão poder ter acesso a um nível de energia de autocura que transformará as células de vocês, conduzindo-as a outro nível de despertar e de realinhamento energético com aspectos do Self.

P: Quando eu estava trabalhando com formas de alinhamento energético, duas das três eram formas com as quais eu já tinha trabalhado. Tem algum problema? Quando veio a terceira, pensei: *Esta eu não poderia ter inventado!*

R: É o seu ego de novo; ele não quer ficar de fora. Você sabe que ele sempre tem um comentário a fazer. Direcione a sua atenção consciente para a forma e respire. Ela se torna ainda mais definida. Aprecie a essência do que você está criando e se envolva mais. Confie.

P: Meu alinhamento energético muda. Tem algum problema nisso? E quando devo usar EE SHAH?

R: Ele vai mudar, essa é a estabilidade própria dele. Vai permanecer onde está, mas vai mudar de forma, e isso será completamente normal. Você deve usar EE SHAH quando ele estiver fixo em seu posicionamento, não em sua forma. Quando você sentir que ele ancorou, pode até ser que ele ainda esteja mudando de forma, mas não estará mudando de lugar... estará ali. Ponha todo o seu Self nisso.

P: Se eu tiver uma intuição, posso projetar as mãos mais de três vezes?

R: Pode e deve seguir sua intuição. Isso é uma estrutura, e algumas de suas peças são absolutas, como a necessidade de fazer um único movimento de infinito. Se você fizer dois, não fará diferença nenhuma. Mais não significa melhor. O número não significa nada; o que importa é que o movimento seja bem feito. Porém, se você tiver a intuição de que precisa fazer o movimento novamente, respeite-a. É a sua intuição. Não há problema. Você deve ser criativo e respeitar o que for certo para você naquele momento.

P: E se eu não estiver recebendo nada da minha confiança sagrada?

R: Saiba que há sempre algo esperando por você, quando você decidir. Decida conscientemente entrar e receber. Se você não está sentindo ou percebendo o que lhe foi dado, é possível que não tenha integrado plenamente o que já recebeu antes, de modo que não está pronto para receber mais uma parte. Lembre-se: você precisa desembrulhar muito bem todo presente que recebe, e, para fazer isso, deve conduzir conscientemente sua atenção ao que lhe é dado e permitir que isso se integre plenamente em todo o seu ser. É possível que haja ainda níveis a serem assimilados antes que você possa ter acesso a outra parte.

Outra possibilidade é que você não tenha visto o que se apresentou a você porque estava fechado na sua cabeça. Por isso, volte para aquele momento, o exato momento em que você chegou à sua confiança sagrada e não achou "nada"; e, a partir do espaço dentro do seu coração, abra-se para receber o que está esperando por lá. O tempo não existe, portanto aquela energia ainda está lá, esperando para que você a receba. Pare e realmente entre no coração antes de voltar para aquele momento e se abrir. Use a Respiração Consciente e solte-se.

Capítulo 12

P: Dentro de um grupo, cada pessoa tem a sua própria missão?

R: Sim, e a maior missão de cada um de vocês, que vocês muitas vezes não percebem, é se desenvolverem; soltem e permitam o desdobramento natural do seu aspecto divino; amem o seu aspecto humano e a tudo o que vocês são, tudo o que vocês foram nesta vida. Isso é tudo. No momento em que você se aceita com amor — aceita todas as partes da sua humanidade, boas e más —, uma imensa transformação ocorre. Seu processo de iluminação acontece muito rápido.

Vocês são uma série de experiências. São as coisas que aconteceram com vocês desde que nasceram. Precisam amar todas as partes das experiências das quais participaram. Todas as suas reações, todos os modos pelos quais lidaram com as coisas, tudo que fizeram — precisam abraçar tudo isso e saber que são humanos. Amem essa experiência humana e tudo o que vocês são, mesmo que achem que deveriam ter feito as coisas de outro modo. Isso nada significa. Foram experiências, escolhas que vocês fizeram. Tudo se resume a respeitar a experiência e amar essa parte vulnerável de vocês, a parte de vocês que não funciona tão bem, a parte que comete erros, que tem medo, que às vezes sente raiva ou machuca os outros. A parte que precisa do seu amor é a parte humana e vulnerável, e é nesse ponto que é necessária a aceitação. Aceitem a imperfeição. Abracem a si mesmos com aquele amor e a compaixão pelo sofrimento que fez parte de suas vidas. É a separação que cria esse sofrimento.

Estejam com aquilo que está à frente de vocês naquele momento. Esse é o próximo presente a ser desembrulhado. Vocês não podem recusar o presente e dizer "Não quero este, quero aquele". Este é o que está à frente de vocês agora, e foi divinamente orquestrado para ser o próximo passo no aprendizado de vocês. Portanto vocês precisam explorar o que está à frente de vocês, senti-lo, respirá-lo, tocá-lo. Não tenham medo, pois na verdade não há nada de que se deva ter medo; há somente uma experiência a ser sentida. No momento em que vocês a sentem, tocam-na e respiram-na... ela vai embora e outra coisa se apresenta.

Esse é o caminho de vocês, e ao mesmo tempo vocês estão avançando neste processo de despertar. Eles andam de mãos dadas. Muita gente quer se afastar do lado humano e ser divina. Você não pode ser divino se estiver separado do seu Self, e não pode se afastar de si mesmo. Se você for para o outro lado do mundo, sabe o que vai acontecer? Vai recriar as mesmas coisas ao seu redor, pois você é você.

P: Por acaso os "seres espirituais" são aqueles que unem todas as coisas?

R: Não, são um aspecto da união da Unidade. Existem os Anjos, os Seres de Luz e os Mestres, e existem os diferentes níveis energéticos dos guias. Todos eles trabalham alinhados com o papel que devem desempenhar no Grande Plano, que se encaixa nos papéis de todo o mundo.

Os Pleiadianos e todas as demais energias alienígenas estão entrando em cena para representar seus papéis por meio de diferentes energias. Alguns deles estão ancorando circuitos e trabalhando sobre o campo energético da Terra. Outros estão trabalhando por intermédio de pessoas ou dentro de grupos de seres humanos. Existem também todos os sítios megalíticos do planeta: Stonehenge, as pirâmides, todos os locais sagrados que contêm os antigos ensinamentos e o antigo conhecimento que estão sendo ativados agora; e existem os agroglifos.

Todos eles fazem parte do Grande Plano e constituem um dos grupos de força vital de consciência que estão interagindo com todos os outros. Também fazem parte da Unidade, da essência de Deus. Portanto existe uma força imensa e um plano claro para que toda a estrutura dimensional seja alterada, trabalhada e recriada aqui.

Ninguém é mais importante que ninguém; as coisas não funcionam assim. Cada um está desempenhando seu papel, que foi projetado para que todos nós tornemos a ocupar nossos lugares dentro da Consciência Coletiva, de modo que se estabeleça uma conexão consciente com o nosso lugar nesse Circuito Universal.

Questões sobre o processo

P: O que devo fazer quando não sinto nada? Fico ansioso, com medo de não estar fazendo a prática corretamente.

R: Você está na sua cabeça. Sua mente sempre tem um comentário a fazer, o que significa que você não está no seu corpo e não pode ter a experiência, pois sua mente do ego é incapaz de penetrar nas energias de quarta/quinta dimensão. Isso, na verdade, não impede que a experiência energética atinja seu corpo, mas impede que você sinta a experiência.

Pode ser também que você esteja com pressa. Talvez você esteja tentando mudar todas as coisas muito rápido, em vez de respirar devagar e dar tempo ao tempo; e sua mente também está se intrometendo.

Pode ser, ainda, que você tenha programado alguma coisa para si próprio. Nesse programa, caso exista, você acaba se limitando automaticamente, pois a verdade é que você tem a capacidade ilimitada de ter experiências em muitos, muitos níveis. O fato é que, quando você tem na mente um programa que define o que precisa fazer ou aonde precisa ir, você se limita automaticamente e limita também a sua experiência.

Pode ter acontecido, por exemplo, de você ter tido uma experiência ontem. Agora sua mente está dizendo: "Vamos voltar para aquilo. Gosto daquela experiência". Então, quando vai passar por um processo semelhante, você diz para si mesmo: "Pois bem. Estou muito a fim de ter esta experiência".... e toda a sua mente se concentra nisso em vez de prestar atenção no momento, na experiência que está se apresentando.

P: Meu comentário se dirige a você. Por que nós queremos a mesma experiência de ontem quando já estamos prontos para uma experiência nova e completamente diferente?

R: Tudo se resume, na realidade, a nos abrirmos e nos permitirmos receber plenamente a nós mesmos naquele momento, receber aquilo que nos é oferecido neste nível multidimensional. Cada um de vocês tem um sem-número de facetas multidimensionais da própria luz a serem conhecidas; por que querem experienciar sempre a mesma coisa? Por que não respirar fundo e dizer "Tudo bem"... e as palavras "seja feita a tua vontade". Ou seja: "Entrego-me à jornada e me deixo levar nesta grandiosa aventura".

P: Tenho medo de me perder e não conseguir acompanhar suas palavras caso eu me solte na experiência. Devo tentar permanecer aqui?

R: Tomem cuidado. Para muitos de vocês, é a primeira vez que passam por este processo, então vale a pena ir devagar. Explorem completamente o espaço. Deem permissão a si mesmos para fazer isso, pois, se vocês forem devagar no começo, sabem o que vai acontecer? Vão estabelecer um contato íntimo com o espaço e aprenderão muito sobre a essência dele, de modo que logo ficarão mais rápidos. Não queiram vocês mesmos acelerar o processo. É só no começo que vocês realmente precisam compreendê-lo; depois já estarão prontos.

P: Normalmente, sou uma pessoa visual; tendo a ter visões. Agora me sinto caminhando no escuro, pois não tenho recebido minhas visões costumeiras. O que devo fazer?

R: Na verdade, isso é bom. O que eles estão dizendo é que você precisa expandir sua energia sensorial, pois o processo sensorial vai muito além do visual. Por estar penetrando num jeito de ser completamente novo, num novo nível dimensional de si mesmo, privilegie o sensorial. Ou seja, eles estão pedindo que você tenha paciência, espere um pouco e feche os olhos. Ative a sua Atenção Consciente e vá tateando o caminho com sua consciência. Não seja impaciente; dê tempo ao tempo e veja o que acontece.

P: Tive uma sensação de densidade e calor. E depois, na minha mente, visualizei uma coluna.

R: Você não precisa visualizar. Se a visão vier, ótimo, mas não tente fazê-la acontecer, pois isso limita o processo. No momento em que você decide transformar numa coluna aquilo que tem diante de si, você o limita. Desliga-se daquilo que está realmente acontecendo e não o recebe em plenitude. Quando você o vê como uma coluna, já não é a coisa propriamente dita e você se prende numa terra de ninguém. Portanto aceite a forma que lhe vem, mesmo que seja um pouco frustrante. Toque-a com a sua Atenção Consciente e simplesmente dirija sua respiração para dentro dela, para ver, captar ou sentir o que ela faz. Em vez de visualizar, construa-a com sua respiração e sua consciência. Desse jeito, muitos elementos serão construídos dentro de você. Isso é muito importante.

P: Quando realizo um processo, às vezes sinto que estou "viajando" e não ouço mais suas palavras. Devo tentar voltar ou devo seguir a experiência?

R: É a experiência que lhe dará a resposta. Sua experiência direta é tudo. As palavras, na verdade, significam muito pouco. O que quero que você faça em cada processo não é necessariamente ouvir o que digo, mas acompanhar sua experiência. Se você deixar de ouvir minha voz, é porque está onde devia estar. Não tente voltar para a minha voz; siga na direção em que está sendo levado para sua iniciação.

Se algo não lhe parece bom, é porque não é. O fato é que você talvez se sinta incomodado com alguma coisa, e é importante que você se respeite e não obedeça a tudo o que eu digo. O importante aqui é você e o seu poder, você e a sua intuição, e o respeito que você tem por isso. Quero lhe dizer isso porque para mim é muito importante que *você esteja aqui para você*; vocês não estão me seguindo como um rebanho de ovelhas. Este é um processo individual e cada um de vocês é único. Cada um terá o seu próprio caminho, diferente de todos os outros. Talvez ele não seja exatamente como eu digo. É essencial que cada um de vocês diga: "Tudo bem, esta é a minha experiência e estou respeitando a mim mesmo na experiência".

Se algo não lhes parecer bom e eu disser "façam X", vocês podem decidir que não devem fazer isso e podem trabalhar com o que lhes parecer melhor. Cada um vai seguir o seu processo único dentro do processo geral.

P: Nas últimas vezes em que fiz os processos, eu dormi.

R: Ótimo. Perfeito. E não foi sono, foi um estado semelhante ao sono que conduz você a uma iniciação muito pura na qual ninguém deve interferir. Isso é uma coisa muito boa, e talvez aconteça de novo. Você está seguindo a via expressa.

P: Na última vez em que fiz o processo, senti que minha boca estava salivando, como se eu estivesse babando.

R: Parece um maná energético que veio dar apoio à ativação cristalina dentro de você.

P: O que devo fazer quando minha mente entra em cena e tenta dizer algo sobre o que está acontecendo?

R: Não tente fazer disso um cavalo de batalha, pois assim as coisas se fecham. Você vai voltar à terceira dimensão, de modo que não poderá trabalhar, pois estará nesse ambiente tridimensional. Tenha muita paciência e amor em relação a sua mente e diga "Não é você quem está fazendo isto", e vá para o coração. Deposite a sua energia ali, quando sentir a si mesmo dentro do coração, continue. A experiência vai esperar por você.

P: Você pode falar um pouco mais sobre o som sagrado e o código de pensamento?

R: Você vai trabalhar com esses dois elementos. O som sagrado é algo que você vai efetivamente dizer; vai projetar o som na estrutura cristalina. Pode projetar o som de muitas formas; não pode mudar a configuração do som, mas pode mudar a ênfase de sua projeção, de modo que, a certa altura, você se torne o som e o som se torne você.

Há também um código sagrado, que é como um código de pensamento que você efetivamente deposita na estrutura cristalina com a sua consciência. Sua frequência de vibração é mais elevada que a do som propriamente dito. É um código de pensamento telepático que você não vai falar, mas vai colocar, inserir, num determinado ponto.

Questões gerais

P: Todos vão passar por esta transformação, até as pessoas que têm de cuidar da própria sobrevivência e não necessariamente têm acesso a estas informações?

R: Todos, quer vivam num barraco ou numa mansão, vão passar pela transformação, cada um a seu modo. Todo ser humano teve a sua estrutura cristalina ancorada no dia 11/11/11, independentemente de ter ou não dinheiro ou de quem é. Todas as estruturas cristalinas estão prontas para a mudança dimensional no plano terrestre quando ela vier em sua plenitude. Por isso, realmente não vale a pena que você se preocupe com todas as pessoas e com a experiência delas, pois cada uma está desempenhando o seu papel. Você precisa estar concentrado em você mesmo e no seu próprio desdobramento. Tudo está pronto para que cada ser humano neste plano terrestre inicie sua transformação.

P: Você sente que as modalidades de cura precisam mudar ou nós devemos fazer a nossa própria cura?

R: O que eu percebo é que, se você estiver ligado ao seu coração, qualquer que seja a modalidade de cura que use, você vai encontrar uma expansão intuitiva em tudo o que está fazendo agora, pois a mudança dos tempos está trazendo oportunidades para que você transforme as suas modalidades de cura.

Se você estiver conectado, vai ter intuições e compreensões de novas maneiras de fazer as coisas, um jeito expandido de agir, e vai introduzir mudanças naquela modalidade de cura que vão canalizar muitas das novas energias que estão sendo disponibilizadas para a Terra. É isso que vejo que vocês precisam fazer.

Vocês só precisam se abrir ao seu coração. Simplesmente se abram à energia e deem livre curso à sua criatividade. É a criatividade da sua luz divina que pode entrar e transformar as modalidades de cura que existem agora. Se vocês estiverem abertos para isso, convoquem os reinos espirituais para apoiá-los nesse caminho e lhes mostrar o próximo passo. Vocês têm de se abrir para isso; têm de se expandir agora. Chegou a hora, e vocês podem fazê-lo. Serão acolhidos e receberão as informações de que precisam.

P: Você disse que as energias dos Pleiadianos estão nos apoiando nessa mudança. Existe por acaso alguma energia que não esteja nos apoiando?

R: Não, não vejo mais nada disso. É como se o *karma* tivesse ido embora e agora vocês estivessem sendo apoiados em toda essa mudança de consciência. Todo o Universo está olhando para vocês e os apoiando neste momento. E é claro que, para os Pleiadianos, a transição é muito rápida. Pelo fato de vocês na Terra estarem tão ligados ao tempo, para vocês é diferente; mas para eles é rapidíssimo, e eles estão assistindo a tudo com imenso interesse e apoio.

P: Você pode nos dizer como os Pleiadianos estão trabalhando conosco?

R: Em geral, uma equipe de três Pleiadianos se junta para trabalhar com cada pessoa. Por isso, quando as pessoas se juntam num projeto, ocorre uma dinâmica expandida e mais perfeita. Os Pleiadianos gostam muito de geometria sagrada; todas as coisas se dispõem em formas geométricas sagradas. É assim que os vórtices são construídos e é assim que eles trabalham.

Por isso, num grupo de três seres humanos, existem nove energias pleiadianas que vão estabelecer uma forma geométrica e ancorar o projeto de vocês usando essa forma como canal. É como uma lente que concentra uma força canalizada que faz parte da sinergia do grupo.

P: Como podemos nos ligar mais aos Pleiadianos e realmente encontrá-los?

R: No Capítulo 3 do meu primeiro livro, sobre as Formações, vocês podem se sentar com os Pleiadianos e trabalhar com eles. Eles vêm, sentam-se com vocês na formação e ativam uma forma geométrica sagrada com a qual vocês podem trabalhar, e tudo isso está dito no livro. No Capítulo 10, vocês entram nas energias dos Portais das Estrelas, uma formação expandida em que vocês se ligam aos Pleiadianos num nível mais profundo.

P: O que eles querem dizer quando falam sobre os números mestres?

R: Eles contêm uma frequência, certos números e formas geométricas, mas a linguagem não é tão simples. A linguagem do ser humano é limitada, e na verdade tudo isso é muito mais... não digo "complexo", pois é uma verdade essencial pura que reside numa forma de frequência que não é complicada em absoluto... é simplesmente diferente, de modo que nossa linguagem não pode expressar o conceito. Vai além da terceira/quarta/quinta/sexta dimensão. É mais um elemento da nona/décima dimensão, não é algo que vocês já sejam capazes de conceituar.

P: Por que há tantos agroglifos na Inglaterra?

R: Onde você vê a "Inglaterra" os Pleiadianos veem um espaço energético no plano terrestre que contém uma determinada forma e um determinado padrão geométrico; para eles não é um país. Eles o veem de modo completamente diferente.

P: O que devo responder ao meu filho quando ele perguntar o que vai acontecer no planeta? Por enquanto tenho dito que "tudo vai dar certo", e me pergunto se isso é o suficiente.

R: Num nível, as crianças já sabem que algo está acontecendo. Com essa resposta, você só aumenta a ansiedade e faz com que a criança não consiga mais confiar em você. Ela não tem um ponto de referência em que possa confiar. Por isso, é importante não lhes dizer que "tudo vai dar certo"... vai dar certo, mas tem muito medo circulando por aí e nem todo esse medo corresponde à realidade. É importante explicar tudo o que está acontecendo, o panorama inteiro, e não o drama que tem sido divulgado, criando uma imensa quantidade de medo. É melhor dizer à criança que ela tem um coração bom e que todas as pessoas de coração bom estarão a salvo aqui no plano terrestre. Todos vocês serão cuidados. Estão aqui numa época especial de transformação. Tirem o foco do drama e da destruição e coloquem-no na verdade e na transformação dos tempos.

Mentir para a criança não ajuda em nada. Dê-lhe informações baseadas na verdade, informações que o coração dela possa acolher e conhecer, tranquilizando-se. Com a compreensão e a clareza, o medo desaparece.

P: Nós desaparecemos na Unidade?

R: Você é uma gota neste oceano de luz. Quando a gota cai no oceano, seu ser se torna muito mais definido no que você é. Ninguém jamais se perde no oceano; apenas se torna mais e mais quem ele mesmo é. E esse é um dos motivos pelos quais vocês, até agora, não se uniram uns aos outros — essa ideia de que vão se perder. Isso simplesmente não é verdade.

Começarão a perceber que se tornam cada vez mais definidos, mais únicos no Universo, e que ocupam um lugar singular e importante. Começarão a perceber isso nos grupos e entenderão que, dessa maneira, podem caminhar a passos ainda mais largos rumo ao próprio Self.

A frequência que pulsa do seu coração se projeta sobre a Consciência Universal. Essa Energia Coletiva Universal vai reconhecer você por meio de sua frequência luminosa exclusiva. Reconhecendo-a, vai alinhar seu Self com um fluxo energético de conexão. O Universo vai começar a alinhar você com aquele fluxo natural em que você precisa estar — seu próprio rio de luz, por assim dizer. Um novo caminho se abrirá para que você nasça para esse rio de luz fluída. Em sua própria frequência exclusiva, você se banhará nessa luz e será tomado pelo oceano de luz.

Em minha própria experiência eu me tornei mais brilhante, mais definida, em relação àquilo que era. Tive uma experiência mais profunda de mim mesma. Não resista. Confie no lugar único e exclusivo que você ocupa nisso tudo.

Apêndice B
Atividades com Christine (em inglês)

Quero compartilhar os vários caminhos disponíveis para que vocês recebam este material, para que possam experienciar os ensinamentos e as informações mais recentes vindos dos Pleiadianos. Vocês podem se juntar a mim no site *www.christinedayonline.com.*

Transmissões

As Transmissões são sessões energéticas canalizadas pelos Pleiadianos. Elas começam com um diálogo canalizado pelos Pleiadianos e, em seguida, cada Transmissão trabalha com um tema. Cada Transmissão é completamente diferente das demais.

Essas Transmissões criam curas e transformações energéticas, iniciando vocês em um nível mais elevado de sua luz. Seu poder de transformação é enorme; elas permitem que vocês deem outro passo em direção ao seu Self. Trabalham transmitindo luz de cura para grandes grupos de pessoas, de modo que todos dentro daquela área recebem essas energias de luz.

Essas transmissões de luz abrem iniciações para vocês — iniciações do Self através de suas células. Isso pode desenvolver a cura por meio do corpo físico e do corpo emocional e cria também novos níveis de despertar espiritual para cada pessoa.

As Transmissões acontecem em diferentes locais pelo mundo e são abertas ao público.

Seminários Pleiadianos de Três Dias

Os Pleiadianos abriram uma série de iniciações feitas em períodos específicos de três dias, projetadas para o grande público. Essas iniciações incluem a ativação da estrutura cristalina para a comunhão telepática com os Pleiadianos, os Lemurianos e todas as energias galácticas. Por meio do trabalho com um poderoso vórtice de cristal, vocês conseguirão se realinhar com aspectos do seu Self sagrado e começar uma experiência multidimensional, empreendendo sua jornada dentro da luz dimensional ativada por meio do vórtice de cristal.

Vocês vão trabalhar diretamente com os Pleiadianos em uma câmara de Portal das Estrelas. Com isso, vocês podem ter contato direto com os Pleiadianos, construindo um relacionamento pessoal com eles durante três dias.

Receberão processos detalhados com ferramentas de aprendizado, mediante as quais poderão viajar em uma comunicação mais profunda com os Pleiadianos, com os Lemurianos e com todas as energias galácticas, e assim também com os reinos espirituais.

Nós trabalhamos alinhados com os agroglifos e com os portais energéticos, na companhia dos Pleiadianos dentro do vórtice cristalino, para receber uma série de códigos de despertar visando à rápida transformação do Self. As células de seu corpo passam por um processo de rejuvenescimento à medida que os códigos de despertar são recebidos. A Matriz sagrada também é um aspecto sagrado conectado aos agroglifos para sua transformação. Nós trabalharemos dentro da jornada da Matriz sagrada para um despertar avançado.

Todas as energias dos reinos espirituais podem ajudá-los nesses acontecimentos por causa das séries de energias dimensionais ancoradas, criando um ventre energético dentro do cômodo em que vocês se encontram quando dão à luz a si mesmos. Isso permite que os Anjos, os Seres de Luz e os Mestres venham para o espaço de trabalho e ajudem-nos em sua transformação.

Saibam que há um lugar para cada um de vocês que escolheram esse evento como seu próximo passo. Aguardo ansiosa por todos os que são chamados a fazer parte dessa experiência.

Retiros Xamânicos Pleiadianos

Os Pleiadianos dizem que, para completarmos o processo de autorrealização de nossa Unidade com todas as energias de força vital que existem no Universo, precisamos primeiro relembrar e reconstruir nosso relacionamento sagrado com as forças da Natureza. As forças da Natureza realmente têm um papel essencial a cumprir em nossa integração com essas novas consciências despertas que estão transformando as células de nosso corpo em luz.

Nesse Retiro Pleiadiano Xamânico de Três Dias, vocês conhecerão os Rituais de Iniciação Sagrados por meio das energias pleiadianas. Trabalharemos com o Conselho Galáctico por intermédio de uma série de portais energéticos que foram dispostos especificamente para que vocês se abram para um alinhamento e uma comunicação puros com todas as energias estelares dentro da galáxia.

Nesse período do Novo Alvorecer, vocês têm a oportunidade de nascer em um novo nível de consciência que vai permitir que vocês experienciem comunicações mais profundas com a Terra e com todas as forças da Natureza.

Vocês vão aprender por meio das ferramentas pleiadianas como dominar as energias da terra, do vento, do fogo, da água e do sol, energias que os conduzirão em uma jornada de transformação e permitirão que vocês criem uma experiência completamente nova e um novo relacionamento com essas forças da Natureza elementares. Vocês vão utilizar a estável Roda da Medicina e cerimônias do fogo, bem como portais energéticos, para criar uma experiência de transformação.

Vão se conectar com os Pleiadianos e com o Conselho Galáctico, que vão estar presentes ao longo de todo o evento para ajudá-los a religar-se com sua poderosa força energética própria.

Telesseminários

A pedidos dos Pleiadianos, esses telesseminários terão duração de 90 minutos e serão agendados a intervalos regulares de dois por mês. Foram projetados para levá-los a uma jornada de iniciação sagrada. Cada telesseminário vai trazer para vocês:

- As informações mais recentes sobre os Pleiadianos.
- Temas e conteúdos energéticos.
- Um conjunto de ferramentas para seu trabalho.

- Um modo de usar essas ferramentas dentro de uma iniciação de Transmissão. Vou canalizar as poderosas luzes energéticas para que vocês experienciem e nasçam.
- Um momento para perguntas.

Haverá um total de seis telesseminários. Cada conjunto de seis foi projetado para conter um tema importante para seu processo de ressurreição. Cada telesseminário individual se constrói sobre esse tema, para que vocês possam expandir as ferramentas e as experiências diretas dentro de cada classe de iniciações.

Vocês podem comparecer a um telesseminário somente, que vai levá-los a uma poderosa experiência de iniciação. Cada uma é completa em si mesma, de modo que vocês podem assistir a qualquer um dos telesseminários que lhes atraia. Esses telesseminários começam em janeiro de 2014. Para mais informações sobre as datas desses eventos, visitem meu website: *www.christinedayonline.com.*

Christine Day na Zona de Despertar

Acompanhem Christine ao vivo nas primeiras e terceiras segundas-feiras de cada mês das 14h30 às 16h00 (de acordo com o fuso horário central dos Estados Unidos) para obter mais informações sobre iluminação e chaves energéticas dos Pleiadianos. Ao nos aprofundarmos na transição que está acontecendo no planeta Terra, os Pleiadianos nos dizem que chegou a hora de começarmos a dominar as ferramentas energéticas que nos permitem completar conscientemente nossos processos de despertar e de autocura, preparando-nos para o que vem aí. Neste novo evento quinzenal apresento um novo sistema de informações e transmissões de tons sagrados e códigos especificamente projetados para funcionar como chaves energéticas para desbloquear a informação de dentro da matriz de sua estrutura celular.

Estes eventos estão disponíveis como áudios ou para download dos *Archives of the Awakening Zone Network* [Arquivos da Rede da Zona de Despertar]. Procurem por *Pleiadian Tools for Self Realization* [Ferramentas Pleiadianas para a Autorrealização] em *www.awakeningzone.com.*

Programas de Difusão Pleiadianos

Os Programas de Difusão Pleiadianos estão disponíveis a intervalos regulares ao longo do ano em meu website. Para assistirem aos programas, visitem *www.christinedayonline.com.* As difusões geralmente vão ao ar seis vezes por ano. Essa é uma oportunidade única para trabalhar com os ensinamentos e as ferramentas dos Pleiadianos, que eles apresentam especificamente para esse formato. Vocês podem assistir ao programa em casa e ver o material e os processos à medida que eles são apresentados. As difusões são disponibilizadas para vocês trabalharem com as ferramentas e os ensinamentos quando se sentirem à vontade e quando tiverem tempo. Todas as difusões estão disponíveis para vocês acompanharem ou baixarem gratuitamente.

Newsletter

Todos os meses farei um boletim com uma mensagem dos Pleiadianos e uma minha. Farei uma sinopse rápida do que estou fazendo e do que os Pleiadianos estão trazendo para vocês darem seus próximos passos. Visitem meu website *www.christinedayonline.com* para se inscreverem!

Sobre o Trabalho

Novamente, parece-me importante descrever e comentar os dois ramos de trabalho que me foram canalizados muito tempo atrás e que estão atualmente sendo disponibilizados em muitas regiões do mundo.

Amanae foi o primeiro trabalho canalizado que ancorei no mundo. Amanae é um trabalho ativo, um processo multidimensional corporal que desfaz os bloqueios emocionais do corpo. Amanae proporciona um acesso direto para a conexão com as emoções que estão contidas no corpo físico. Ao sentirem sua emoção conscientemente, ela pode abandonar seu corpo e a cura pode acontecer. Isso leva o corpo a se curar em muitos níveis diferentes, dentro dos corpos físicos e emocionais. E uma profunda transformação espiritual acontece quando a emoção se vai e a luz do Self ancora em suas células.

Frequências de Brilho foi canalizado por mim e nasceu no exato momento em que Amanae também nasceu. No momento em que esses dois ramos de trabalho foram ancorados por meu intermédio, fiquei sabendo que os seres humanos ainda não estavam prontos para o segundo, de modo que ele não podia ser transmitido no plano terrestre naquele momento. Treze anos depois, em 1999, me disseram para começar a ensinar e iniciar as pessoas nesse trabalho. Iniciei praticantes e professores nesse ramo desde então, e esse tem sido meu principal trabalho no plano terrestre.

Nesta época do Novo Alvorecer, tem-me sido pedido que comece um novo caminho, trabalhando em união com as energias galácticas, que incluem os Pleiadianos, e muitas outras energias estelares. Atualmente está em andamento uma poderosa iniciação de comunicação por meio de portais pela qual vou poder me abrir para novas comunicações galácticas.

Pediram-me que me alinhasse com estados multidimensionais mais elevados para começar a me abrir para estados mais elevados da Verdade, para ser capaz de trazer informações e conhecimentos sagrados que nós, como seres humanos, só estamos prontos para receber agora.

Recebi a notícia de que começarei meu processo de iniciação com a publicação deste livro e levarei alguns meses para estar energeticamente pronta para carregar essa poderosa comunicação intergaláctica dentro de mim.

Comprometo-me com o próximo passo de minha missão.

Estou ansiosa para passar esta informação para todos os que estão prontos para recebê-la à medida que ela me for disponibilizada.

Assim Seja!